墨香财经学术文库

"十二五"辽宁省重点图书出版规划项目

U0674511

Study of Methods to

Enhance the Competitiveness of
Chain Commercial Enterprises in Transition
— SCP Perspective

转型期连锁商业企业竞争力提升路径研究——SCP视角

操 阳 ◎著

东北财经大学出版社
Dongbei University of Finance & Economics Press

大连

ⓒ 操 阳 2015

图书在版编目（CIP）数据

转型期连锁商业企业竞争力提升路径研究：SCP视角 / 操阳著.—大连：东北
财经大学出版社，2015.5
（墨香财经学术文库）
ISBN 978—7—5654—1918—8

Ⅰ．转… Ⅱ．操… Ⅲ．商业企业－竞争力－研究 Ⅳ．F715

中国版本图书馆CIP数据核字（2015）第078335号

东北财经大学出版社出版发行

　　大连市黑石礁尖山街217号　邮政编码　116025
　　教学支持：（0411）84710309
　　营 销 部：（0411）84710711
　　总 编 室：（0411）84710523
　　网　　址：http：//www．dufep．cn
　　读者信箱：dufep @ dufe．edu．cn
大连图腾彩色印刷有限公司印刷

幅面尺寸：170mm×240mm　字数：184千字　印张：13　插页：1
2015年5月第1版　2015年5月第1次印刷
责任编辑：张旭凤　魏　巍　　　　责任校对：那　欣
封面设计：冀贵收　　　　　　　版式设计：钟福建
定价：30.00元

　　本书受到江苏省高校"青蓝工程"中青年学术带头人培养对象（2014 年度）项目的资助。

作者简介

操阳，女，1969 年 2 月生，辽宁沈阳人。博士毕业于河海大学商学院技术经济及管理专业，现为南京旅游职业学院副院长，教授，江苏省普通高等学校"青蓝工程"优秀青年骨干教师，江苏省高等学校优秀教学团队（连锁经营管理专业）带头人，江苏省高校"青蓝工程"中青年学术带头人培养对象，中国企业管理无锡培训中心特聘教授。主要研究领域是商贸流通、连锁经营、企业竞争力、营销战略等。主持和参与国家级、省级课题研究 20 余项，发表学术论文 30 余篇。先后为扬子石化、南京新百、金盛集团、山西焦煤集团、北京航天测控公司、江苏省苏盐连锁有限公司等百余家企业的中高级管理层培训并参与企业策划等，同时作为江苏省经济与信息委员会"企业高级职业经理人任职资格与认证班"培训讲师，多年来参与培训全省高级职业经理人千余人。

序

后金融危机时代，原有的社会经济格局逐渐被打破，连锁商业的生态环境发生了重大变化，连锁商业企业之间的竞争日益加剧。做强连锁商业企业，提升竞争力，促进"做强"与"做大"协同发展，是当前亟待解决的战略性课题。遗憾的是，目前学术界的研究多局限于连锁企业评价体系、问题对策的探讨，缺乏对连锁特质基础上的系统性理论体系的探索和研究。

《转型期连锁商业企业竞争力提升路径研究——SCP 视角》一书的出版，将开拓连锁商业企业竞争力研究的视野，充实、丰富企业竞争力理论，弥补连锁特质基础上商业企业竞争力研究的不足。本书的学术价值在于，为连锁商业企业竞争力提升研究和路径探索奠定了基础，SCP 的研究框架和体系为连锁商业企业竞争力研究提供了思路。本书的应用价值在于，对企业管理者和政府系统地思考并促进连锁商业企业的转型升级具有一定的参考意义和实践指导意义。

任何创新思想和成果都不是一蹴而就的，操阳博士多年来一直潜心研究连锁商业企业竞争力，发表相关研究学术论文十余篇。在本书中，其创新性地提出了连锁商业企业竞争力的"三力"结构模型，设计了连锁商业企业内涵式提升方案，并从企业和政府两个维度提出了内涵式提升的途径和对策。其创新成果凝聚了她多年的理论研究和实践探索。

我相信，操阳博士作为江苏省高校"青蓝工程"中青年学术带头人培养对象，将会在这个领域取得更加丰硕的研究成果，并为该领域的发展继续做出应有的贡献。

中国连锁经营协会秘书长

裴亮

2015年3月28日

前　言

　　连锁商业作为现代流通业的重要组成部分，在满足社会需求、引导消费、促进生产以及带动其他产业发展方面的作用日益加强，其先导产业和基础产业的地位也日益凸显。作为一个国家、一个城市的"窗口性"服务行业，连锁商业企业的竞争力不仅是一个行业、一个城市的重要体现，更是一个国家竞争力的重要体现。

　　连锁商业全球化竞争日益加剧，特别是 2008 年全球金融危机爆发之后，连锁商业的生态环境发生了重大变化：经济增长趋缓、消费需求疲软、政府规制加强、全球化竞争加剧、零供矛盾升级、安全消费意识增强、个性化消费需求上升、网络购物规模不断扩大、人力成本等不断提高……在这些变化面前，内资连锁商业企业深感内力不足，市场竞争力亟待提升。但是由于学术界对企业竞争力的研究多集中于制造业领域，因此对连锁商业企业竞争力提升路径的研究成果较少。本书基于后金融危机时代我国连锁商业内外部环境的变化，综合运用资源能力、战略管理、价值链等理论，将"资源能力-竞争力"的转化与企业战略管理行为范式有机耦合，深入探究了连锁商业企业内涵式提升的机理，探寻连锁商业企业竞争力提升的有效路径，旨在促进连锁商业企业由外延式向内涵式转型发展，提升我国连锁商业企业的国际竞争力。

本书主要包括7个部分。第1章：绪论；第2章：连锁商业企业竞争力的理论基础；第3章：转型期连锁商业企业竞争力提升的战略定位分析；第4章：转型期连锁商业企业竞争力提升的行为模式分析；第5章：转型期连锁商业企业竞争力测度分析；第6章：转型期连锁商业企业竞争力提升的方案设计；第7章：总结与展望。

本书的主要贡献与创新之处在于：

首先，以SCP为理论分析框架和研究主线，界定了连锁商业企业竞争力的内涵，构建了连锁商业企业竞争力的"三力"结构模型，即连锁商业企业竞争力是由总部资源配置力、物流系统配送力和门店市场服务力构成，"三力"相互联系、相互作用、相互转化。其中，总部资源配置力是核心能力，是连锁商业企业赖以生存和发展的根本保证；物流系统配送力是基础能力，是门店市场服务力得以实现的基础保障；门店市场服务力是关键能力，是连锁商业企业赖以生存和发展的根本动因。

其次，系统分析了影响战略定位的内外部环境变化因素，提出了由外延式向内涵式转型发展的竞争力提升的理论体系及连锁商业企业转型发展的"三转"思路，即战略定位由"做大"向"做强"转型，行为模式由外延式向内涵式转型，竞争力测评方式由"规模导向"向"质量导向"转型，从而为连锁商业企业转型发展提供理论指导。

最后，运用主成分分析法，构建了以"做强"为导向的连锁商业企业竞争力测评指标体系，设计了连锁商业企业内涵式提升方案，为连锁商业企业竞争力提升提供理论指导和方法手册，也为政府决策提供支撑。

中国连锁商业处于不断发展之中，越来越多的专家学者开始关注连锁商业企业竞争力及相关领域的研究。近年来，连锁商业信息化、供应链一体化的发展趋势，亟待对连锁商业企业线上（网店）与线下（实体店）虚实结合的企业竞争力的提升进行理论研究和实践探索，这也是本人今后研究的重点方向。

由于本人的能力和水平有限，本书尚有很多不足，恳请广大读者批评指正。

作　者
2015年3月

目　录

第1章 绪 论

连锁商业作为现代商贸流通业的重要组成部分，其在满足社会需求、引导消费、促进生产的作用以及带动其他产业发展的先导产业的地位日益凸显和加强。国家"十二五"规划提出"优化发展商贸服务业，支持发展具有国际竞争力的大型商贸流通企业"。由此，优化发展商贸流通产业以及提升商贸流通企业竞争力的研究成为战略性课题。

1.1 研究背景及意义

中国商业经过 30 多年的改革开放，正步入战略转型期，即从外延式发展向内涵式发展转变。商业企业也面临着重大的战略转型，迫切需要通过内涵式发展，在做大的同时做强，提升企业在国际市场上的竞争力。

1.1.1 研究背景

连锁经营作为一种最具活力的现代流通方式，自 20 世纪 90 年代引入我国，成为商业企业向规模化、现代化方向发展的助推器，极大地促进了商业企业的规模化发展。但是，进入后金融危机时代，随着商业领域全面开放政策的实施，外资连锁商业企业的涌入，越来越多的内资连锁商业企业在竞争中，渐感"内力"不足，在做大的同时并没有变强；与外资连锁商业企业相比，差距较大，中国连锁商业企业急需转型发展，以不断增强其市场竞争力。

1）经济增长趋缓，企业发展压力增大

后金融危机时代，随着 4 万亿元刺激经济增长政策影响的减退，中国连锁商业企业正面临着前所未有的压力。一是经济增长趋缓，经济下行趋势明显。据国家统计局发布的数据显示，2011 年我国 GDP 增速降至 9.2%，2012 年继续回落，降至 7.8%。2013 年 6 月 10 日，高盛集团在其研究报告中认为，中国已经基本告别了 GDP 增长 8%的时代，未来 7 年，中国经济的年平均增速可能降至 6%左右。[1]二是消费品市场增速回落，商业企业销售增速大幅下滑。国家统计局发布的数据显示，2011 年我国社会消费品零售总额为 181 226 亿元，同比增长 17.1%；2012 年我国社会消费品零售总额同比增长 14.3%，回落了 2.8 个百分点。2013 年第一季度，我国社会消费品零售总额同比增长 12.4%，增速比上年同期回落 2.4 个百分点。受经济下行、网上购物以及国家限制"三公消费"等的影响，大型零售企业销售增速出现大幅下滑。中华全国商业信息中心的统计数据显示，2012 年，全国百家重点大型零售企业的零售额名义同比增长 10.8%，增速相比 2011 年大幅度放缓 11.8 个百分点，创 2005 年以来最低增速。[2]三是连锁商业企业的运营成本持续上升。近年来，人工、租金等经营成本日益高涨，企业运营绩效的提升面临严峻挑战。中国连锁经营协会对连锁百强企业的抽样调查显示，2011 年连锁零售企业的人工费用上涨 26%，租金成本上涨 10%。[3]经济和经营环境的变化，导致连锁商业企业面临着前所未有的压力和挑战。

2）市场竞争加剧，企业竞争力提升受到严峻挑战

后金融危机时代，连锁商业企业遭受了诸多的竞争挑战，其中，主要挑战来自竞争者的市场争夺和供应商的渠道变革，而竞争者的挑战更多的是来自外资连锁商业企业。外资商业企业发展提速，市场竞争愈加激烈。自 2005 年以来，由于入世后 3 年保护期的结束，外资商业企业在我国的发展不再受地域、股权和数量等方面的限制，沃尔玛、家乐

福、大润发、麦德龙、欧尚、卜蜂莲花、乐天玛特、宜家等外资连锁商业企业在我国的发展速度明显加快。2009年以来，外资连锁企业平均增速高于本土企业，并逐渐向二三线城市渗透，市场争夺愈演愈烈。从竞争能力来看，外资连锁商业企业在单店销售、成本控制、自有品牌、品类管理以及采购能力、物流体系、供应链管理和人才素质[1]等方面具有明显优势。因此，本土连锁商业企业必须在资源配置、成本控制、物流配送、门店运营、人才培育等方面下功夫，实行集约化经营、精细化管理，不断提高其经营管理水平和能力，提高市场竞争力。

随着零供矛盾的不断激化，供应商实施渠道的变革，支撑连锁商业企业发展的"渠道红利"正逐渐透支。长期以来，连锁商业企业通过压低价格、延期付款、收取通路费用等手段，从供应商那里获取扩张资金和现金流收益，从而严重侵害了供应商的利益，零供之间的矛盾越积越深。有些供应商由于难以忍受连锁商业企业滥用优势地位，开始停止供货；有些供应商甚至自建渠道，争夺零售商市场，如格力、TCL、美的、海尔、创维、格兰仕等。因此，连锁商业企业必须彻底改变"单赢"发展模式，通过实施与供应商协同发展的战略，提高内生力，提升企业在供应链上的主导地位和竞争力。

3）内在发展困惑，做大与做强协同困难

自20世纪90年代末期以来，面对外资连锁企业进入障碍的逐渐降低，为占据市场先机，一股"先做大，再做强"的热潮席卷了中国连锁商业企业，并成为指导企业发展的战略思想，连锁商业企业加快规模扩张的步伐，谋求做大。中国连锁经营协会发布的连锁百强数据显示（见图1-1），从2000年至2010年，连锁百强企业年均门店增幅达44%，扩张速度最快的年份是2000年、2001年、2006年和2007年，门店增幅分别高达60%、106%、57%和58%；而年均销售规模增幅仅为30%，门店增幅明显高于销售规模增幅，这意味着规模扩张并没有带来经济效益的同步增长，更确切地说是单店效益在下滑，企业竞争力在下降，企业陷入"做大但未做强"的窘境。2008年以来，由于受经济危机的影响，以及竞争的压力和消费者变化等，本土连锁商业企业发展明显趋缓，而外资连锁商业企业却加快了发展的步伐，并取得了较好的业绩。

大润发、家乐福、沃尔玛等处于前十强，其中大润发 2011 年单店实现销售额 3.3279 亿元，稳居连锁百强单店销售额榜首。因此，如何使本土连锁商业企业走出做大的误区，使做大与做强两者协同发展，真正构建一种别人无法模仿的竞争能力，形成企业长期发展的竞争优势，是摆在本土连锁商业企业面前亟待解决的重大课题，只有从理论上加以系统指导、明确路径，才能走出困境，这也正是本书的研究重点。

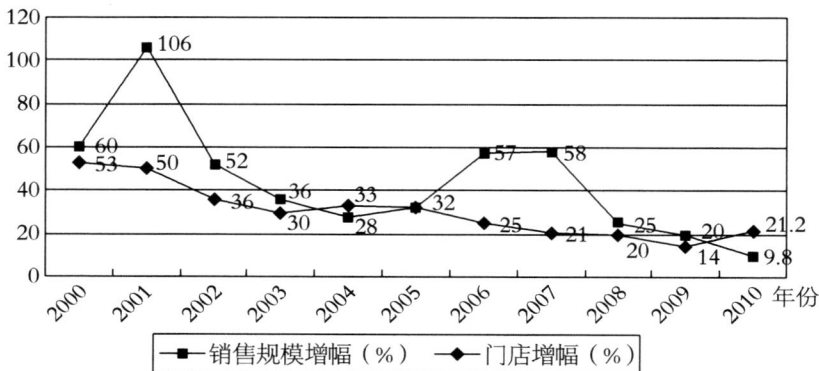

图 1-1 2000—2010 年连锁百强门店增幅及销售规模增幅

（注：由于统计口径发生变化，2011 年连锁百强门店的数据未采用）

1.1.2 研究意义

企业竞争力理论在我国的研究还处于初级探索阶段，其理论体系尚未形成，目前多侧重于从营销管理和财务管理的视角对制造业领域的企业竞争力和商业领域的零售企业竞争力进行研究，而且研究的重点放在了要素选择、指标体系和评价方法上，对连锁商业企业竞争力的研究则较少且缺乏系统性。本书以促进连锁商业企业由"做大"向"做强与做大协同"转型为主题，以提升连锁商业企业竞争力为核心，以 SCP 为理论研究框架，旨在探究连锁商业企业竞争力的内涵及形成机理，探寻连锁商业企业竞争力提升的路径，促进中国连锁商业企业的健康、持续发展，提升我国连锁商业企业的国际竞争力。

1）理论意义

本书运用资源能力理论，结合竞争优势、价值链、供应链等理论，探寻连锁商业企业竞争力提升路径的理论范式。以企业树理论为切入点，打开了连锁商业企业竞争力的黑箱，揭示了连锁商业企业竞争力的内涵，构建了连锁商业企业竞争力结构模型，解析了转型期连锁商业企业内外部环境的变化，探析了连锁商业企业内涵式作用机理，构建了"做强"导向的竞争力测评指标体系，提出了连锁商业企业竞争力提升的转型发展路径。所形成的研究成果，将充实、丰富连锁企业竞争力理论，填补连锁商业企业竞争力提升研究的空白。

2）应用价值

本书构建的连锁商业企业竞争力结构模型，有利于连锁商业企业明晰企业竞争力的本质和来源，揭示连锁商业企业竞争力的内在规律，为企业的管理实践提供指导和帮助。运用 SCP 理论范式对连锁商业企业竞争力的机理进行解析，有利于企业管理者系统地思考并促进连锁商业企业的转型升级；通过构建"做强"导向的连锁商企业竞争力评价指标体系，能够引导企业从商业的基本规则出发，走内涵式、集约化发展之路，缩小与外资连锁商业企业的差距，提升我国连锁商业企业的国际竞争力。

1.2　文献综述

本书将前人对企业竞争力、零售企业竞争力以及连锁商业企业竞争力等的相关研究作为文献基础。文献综述结构如图 1-2 所示。

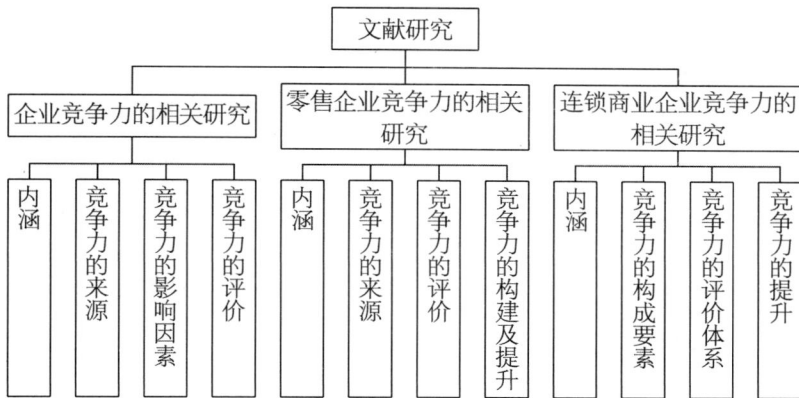

图 1-2　文献综述结构

1.2.1 企业竞争力的相关研究

有关企业竞争力的相关研究成果颇多，本书主要从企业竞争力的内涵、来源、影响因素以及评价等方面对国内外的相关研究进行述评，同时借鉴其相关研究成果，从而为连锁商业企业竞争力的研究提供参考和依据。

1）内涵的相关研究

现有文献对企业竞争力内涵的界定，多从企业能力、与竞争者比较、竞争优势和综合因素等视角加以解析。

（1）企业能力视角

企业能力视角将企业竞争力视为企业为生存和发展争夺所需资源（范晓屏，1999）[4]，通过将这些资源整合，形成占有市场、获得长期利润的能力（曹建海，2000）[5]。美国《产业竞争力总统委员会报告》提出，企业竞争力是在自由良好的市场条件下，通过将自身资源和能力进行整合，向国际市场提供好的产品和服务，并提高本国人民生活水平的能力。[6]这种将资源和能力进行整合的能力，是企业在长期生产实践中的积累性学识，更是关于如何协调不同的生产技能和有机结合多种技术流派的学识（C.K.Prahalad&G.Hamel，1990）[7]。以企业能力视角界定企业竞争力，体现了资源能力对企业竞争力的重要意义。

国内学者范晓屏认为，资源与能力是企业竞争力的里层，而竞争行为与业绩是竞争力的外显特征，企业之间的竞争从表面上来看是产品与市场的竞争，而实质上是资源与能力的竞争。[4]

（2）与竞争者比较的视角

与竞争者比较视角认为企业竞争力是通过与竞争对手比较而得到的相对概念，这种比较可以是多角度的。比如从创造财富能力的角度，世界经济论坛（1994）提出，企业竞争力是在世界市场上，一家企业均衡地生产出比竞争对手更多财富的能力[8]；从满足需求能力的角度，菲利普·科特勒和加里·阿姆斯特朗（2001）[9]指出，企业竞争力是比竞争对手更有效地满足消费者需求的能力。从能力的有效性角度来看，金碚（2001）[10]认为，企业竞争力是一个企业能够持续地比竞争对手更有效地向客户提供产品和服务，并获得自身发展的综合素质。与竞争者比较视角反映了市场经济的本质特征，使企业能够更清醒地认识到优胜劣汰、不进则退的竞争法则。

（3）竞争优势视角

Michael E.Porter（1991）[11]将企业的竞争优势等同于企业竞争力。韩中和(2000)[12]也认为，企业竞争力是企业在与竞争对手的角逐中，通过对经营资源的合理运用，向顾客提供所需要的产品和服务，从而建立竞争优势的能力。

（4）综合因素视角

企业竞争力是多因素交互作用的集合体，是企业产品市场竞争力、要素市场竞争力、企业运营效率竞争力的综合体现（李刚，2007）[13]。企业竞争力既有内在要素的作用，也受外在环境因素的影响。这种在赢得市场份额、获得利润方面所表现出来的力量和能力，是企业外部资源和内部资源实力、能力、素质综合作用的结果（胡大力，2005）[14]。综合因素视角实质上揭示了企业资源、能力、环境与竞争力之间的关系。

2）竞争力来源的相关研究

国内外学者主要从产业组织理论视角、资源能力理论视角、顾客价值理论视角和内外结合理论视角对企业竞争力的来源进行研究。

（1）产业组织理论视角

20 世纪 30 年代，哈佛大学的 Bain et al. 在 E.H.Chamberilinet al. 的竞争–垄断理论的基础上，提出了 SCP 模式[15-16]，认为市场结构（Structure）决定企业市场行为（Conduct），进而影响企业市场绩效（Performance）。该理论假设认为，大部分市场是不完全竞争的，其核心就是企业基于规模差异和产品差别化的异质性。SCP 分析框架认为存在企业的异质性和企业间效率的差异，这种差异是由市场结构和市场行为决定的，三者之间存在递进制约的因果关系，市场结构决定企业的市场行为，而市场行为决定市场资源配置的绩效，因此，企业绩效（竞争优势）由市场结构决定，为了获得良好的市场绩效，必须改善市场结构，改进企业的市场行为。

波特将产业组织理论的 SCP 模式引入战略管理领域，他从产业选择的角度出发，强调竞争战略应在分析行业吸引力与周围竞争环境的基础上，考虑企业在行业中的定位，并提出了著名的"五力"模型（1980）、价值链模型（1985）。他认为，决定企业盈利能力的根本因素是产业的最终获利潜力，而产业的最终获利潜力是由五种竞争力综合作用决定的，这五种作用力分别是供方的议价能力、买方的议价能力、新进入者的威胁、替代竞争者的威胁和与现有竞争对手之间的竞争。[17]企业的竞争优势来源于企业在设计、生产、销售等过程中的各种价值活动。[18]

产业组织理论强调，由于企业所处的环境复杂多变，因此企业的内部资源条件以及发展战略必须适应外部环境的变化而进行调整，以促进企业竞争力的提升。

（2）资源能力理论视角

Edith Penrose（1959）[19]、Wernerfelt（1984）[20]、Barney（1991）[21]认为，企业竞争力来源于企业拥有的特殊资源。企业内部具有的异质性资源及其累积，决定并保持了企业的竞争优势。企业的竞争优势来源于企业拥有的能力，资源是竞争优势的基础，而企业拥有的合作协调能力（Richardson，1972)[22]、组织能力（Chandler，1994)[23]、核心竞争能力（Prahalad&Hamel，1990）[24]、业务流程能力（Stalk，Evans&Schulman，1992)[25]、动态能力（Teece，Pisano&Shuen，1997）[26]等是企业竞争优势的源泉。Demsetz（1988）[27]、野中郁次郎[28]、Nonaka[29]则认为企业知识决定了企业的竞争优势，尤其是那些难以被竞争对手所模仿的知识，使得企业的竞争优势得以保持下去。

资源能力理论强调，企业内部的资源、能力、知识、技术等，相比外部环境而言，对企业获取和保持竞争优势更具有决定性作用，各种优势资源和能力的积累是保持竞争优势的关键。

（3）顾客价值理论视角

顾客价值（Customer Value，CV）被视为竞争优势的新来源[30]。企业在对顾客细分的基础上，结合自身能力，选择适宜的顾客价值定位，并以此为核心构建支撑体系，通过整合内外部资源，发展专有资源和能力，向顾客提供企业特有的价值，以获取持久的竞争优势（任学锋、李坤、顾培亮，2001）[31]。董大海、金玉芳（2004）[32]利用货车柴油发动机市场上获得的调查数据，对顾客价值、顾客忠诚和竞争优势之间的逻辑关系进行了实证研究，论证了顾客价值决定顾客忠诚，进而决定企业的竞争优势这一命题。

（4）内外结合理论视角

有学者提出，企业竞争力来自企业所处的行业环境、企业资源、企业能力和企业知识。如胡大立（2007）[33]等提出，企业竞争力是在外部环境与内部资源、能力、知识的互动过程中形成的。其中，知识是企业竞争力的本质来源，资源是企业竞争力的前提和基础，能力是企业竞争力的内在因素，行业环境则是企业竞争力的外在条件。李显军（2002）[34]认为，企业的竞争优势来源于内部和外部两个方面。其中，内部来源既包括产品质量、品牌、差异化、服务、价格及成本等直接来源，也包括管理、技术、文化、制度、创新等间接来源。外部来源主要包括产业政策、市场结构、竞争程度等外部环境因素。

3）竞争力影响因素的相关研究

企业竞争力是由相互联系、相互作用的多种要素构成的，有的归结为三个因素，如 Thomas&Kendall（1999）[35]认为，快速反应能力、产出加快能力和资源效果能力等为影响企业竞争力的三个主要因素。Feurer&Chaharbagh (1995)[36]认为，顾客评价、股东评价对竞争环境的作用与适应性是影响企业竞争力的主要因素。柴小青（2002）[37]认为，企业竞争力是由生存能力、适应能力和发展能力的共同作用决定的。

金碚（2001）[10]将企业竞争力的形成要素分为关系、资源、能力和知识四个层次。其中，知识是能力的内在因素，能力是最主要的资源，资源是形成优势关系的前提，关系是形成企业竞争力十分重要的条件。

WEF（世界经济论坛）认为，企业竞争力的影响因素主要包括变革因素、变革过程、环境、企业自信心和工业序位结构五个方面。

4）竞争力评价的相关研究

企业只有明确了解自身的竞争地位和与竞争对手的差距后，才能探索出提升本企业竞争力的有效路径和策略，进而不断缩小差距，促进企业成长。因此，科学、准确地评价企业竞争力对企业至关重要。这项研究也得到了越来越多学者的关注，他们使用不同的方法对企业竞争力进行测评。

（1）企业竞争力测评指标研究

国外企业竞争力测评指标体系，主要以 WEF 与 IMD（瑞士洛桑国际管理发展学院）有关企业国际竞争力的指标体系以及《财富》、《商业周刊》等世界著名杂志的测评体系为代表。其中，WEF 和 IMD 的评价指标主要有五个，即生产效率、公司绩效、管理绩效、劳动成本、公司的战略和文化。《财富》杂志对全球 500 强的测评指标主要包括营业收入、利润、资产、股东权益和雇员人数等。但该测评指标主要针对企业过去的竞争力，对潜在竞争力难以评价，为此《财富》杂志推出了全球最受赞赏公司测评指标，从创新能力、管理质量、社区与环境的责任感、资产应用整合能力等八个方面，对企业的潜在竞争力进行评价。《商业周刊》杂志则以市值为依据，对全球上市公司的竞争力进行测评。《福布斯》杂志使用的企业竞争力测评指标主要包括营业额、利润、资产额和股票市值等。

国内部分学者也对企业竞争力测评指标进行了研究，并取得了一些有益的成果，见表 1-1。

表 1-1　　　　**国内部分学者有关企业竞争力测评指标的研究**

学者	测评指标
金碚（2008）[38]	显示性指标：规模因素（销售收入、净资产、净利润）、效率因素（净资产利润率、总资产贡献率、全员劳动效率、出口收入占销售收入的比重）、增长因素（近三年销售收入年平均增长率、近三年利润总额年平均增长率）
	分析性指标：股价稳定性因素（人气指数），即股价区间振幅
李君显(2002)[39]	企业规模、经营能力、经营安全能力、资本营运能力、市场控制能力、管理能力、环境协调能力
王建华、王方华（2002）[40]	经营环境、战略能力、产品市场竞争、生产能力、市场能力、技术能力、营运能力、财务能力、可持续发展能力
吴应宇（2003）[41]	量性发展能力指标：市场占有率、销售增长率、资产增长率 质性发展能力指标：市场能力、管理能力、技术能力、财务能力、信息资源利用能力、外部制约与内在动力
陈文俊、唐若兰（2005）[42]	业务竞争力、产品竞争力、技术竞争力、保障竞争力

（2）企业竞争力评价方法研究

企业竞争力评价方法可以概括为定性分析法、综合评价法和定量模型评价法。定性分析法主要有价值链分析法、因素解析法和标杆管理法等，其中最常用的是价值链分析法。定性分析法侧重于对企业竞争力的形成、影响因素以及与竞争对手的差距等进行深入剖析，侧重于对评价指标体系的设置，由于难以全面量化，因此更多的学者和研究机构偏重于综合评价法和定量模型评价法。

综合评价法一般是先建立企业竞争力评价指标体系，在评价过程中，运用各种评价方法把反映企业竞争力的各个量纲不同的指标进行无量纲处理，确定指标权重和指标数值，最后综合这些评价值得出对企业竞争力的整体性评价。国内学者对此进行了有益的研究，主要的评价方法有综合指数评价法、主成分分析法、模糊综合评价法和灰色多层次评价法等。金碚采用综合指数评价法，根据"企业综合竞争力得分＝基础竞争力×0.7＋人气指数×0.3"这一公式，得到主板上市公司的综合竞争力排名。[38]

定量模型评价法是通过建立企业竞争力数学模型对企业竞争力进行评价的方法。加拿大学者 MuhittinOral 通过分析影响竞争力的各种因素，构建了竞争力评价的数学模型，用以定量描述企业的总体竞争力[43]，但是该模型是针对单一行业竞争的企业，不适合多角化企业。我国学者卜心怡在 Oral 提出的模型基础上，结合多角化企业经营的特点提出了一个改进的数学模型。[44]肖惠、包钢（2005）[45]将层次分析法、灰色关联分析法和理想点法结合起来，构建了 AHP-GRAP-PPM 数量模型，对企业核心竞争力进行评价。

1.2.2　零售企业竞争力的相关研究

1）内涵的相关研究

国内学者对零售企业竞争力的概念界定主要有能力观、优势观、层次观、顾客价值观和融合观五种观点。

（1）能力观

零售企业竞争力是零售企业在竞争过程中，表现出来的综合能力

（刘晓斌，2005）[46]。零售企业竞争力主要包括经营管理能力、优质服务能力、业务流程控制能力、学习能力、创新能力、文化亲和力等（祝波、吕文俊，2002)[47]。而零售企业的核心竞争力是在一定的外部环境条件下，由外显竞争力要素和内含竞争力要素复合累积而成的动态竞争力（汪旭晖，2006）[48]。

（2）优势观

零售企业核心竞争力是指相对于其主要竞争对手，零售企业内部具有显著差异性的各种优势能力的总和（李飞、曹兰兰，2006）[49]。而零售企业的竞争优势来源于零售业务流程，零售业务流程的特征来源于企业资源（李飞、汪旭晖，2006）[50]。优势观是能力观的延伸，对于零售企业而言，其竞争力表现为运用其自身与竞争对手相比较的显著差异优势，谋求竞争地位。

（3）层次观

肖怡（2001）[51]提出零售企业的核心能力包括战略整合、组织整合、流程整合三个层次，它们随着企业内外部环境的变化而动态发展，并成为企业获取竞争优势的源泉。李飞、刘明葳（2005）[52]则认为，零售企业核心竞争力由核心层（资源）、中间层（能力）和表现层（竞争优势）构成，其中，核心层即竞争资源，主要包括流程、制度与文化；中间层即竞争能力，主要包括店铺扩张能力、营销管理能力、业态创新能力、成本控制能力和财务运作能力；表现层即竞争优势，主要包括产品、价格、服务、店铺环境等。层次观是在优势观的基础上进一步分析竞争优势的来源，且将来源归结到企业不同的层面上。

（4）顾客价值观

企业的竞争优势来源于顾客价值的创造，零售企业的竞争力在于企业能够为顾客创造更多的价值，包括物质上的实惠和精神上的享受（杨扬，2005）[53]。顾客价值观也是优势观的延伸，其立足于顾客价值视角，分析零售企业竞争优势的来源。

（5）融合观

商业企业竞争力是企业当前和未来竞争实力的综合指数，是一个综合概念（张桂芝，2002）[54]。零售企业的核心竞争力是企业在特定的经营环境中的竞争能力和竞争优势的合力，体现了企业多方面技能和运行机制的有机融合以及企业不同技术系统、管理系统及技能的有机结合（赵海燕等，2005)[55]。

上述观点表明，零售企业竞争力是一个综合性、差异性、动态性和层次性的概念，从本质上看，其源自企业资源能力理论和竞争优势理论对于企业竞争力的有关诠释。学界从不同视角阐释了"零售企业竞争力反映了企业的综合能力和素质，竞争优势源自企业的优势资源和能力"这一重要思想。

2）竞争力来源的相关研究

关于零售企业竞争力的来源，目前主要的研究成果有创新观、流程观、顾客价值观以及综合因素作用观等。

（1）创新观

创新是企业竞争力的源泉，零售企业要获得持久的竞争优势，必须不断创新。零售企业创新主要包括零售概念创新能力、供应链管理能力和组织管理能力（李飞、曹兰兰，2006)[49]。

（2）流程观

零售企业的流程是竞争优势产生的源泉，影响流程内容的关键因素包括无形资源和有形资源，有形资源是指企业有形的物流系统和信息系统，无形资源则包括企业的制度、文化和形象（李飞、王旭辉，2006）[50]。

（3）顾客价值观

零售企业的核心要素是顾客与竞争对手。为顾客创造价值既是企业核心竞争力的根本来源，也是企业竞争优势的根本所在（谢守祥、沈正舜，2004）[56]。

（4）综合因素观

零售企业的竞争优势取决于顾客忠诚、商店选址、与供应商关系、信息管理与分销系统、低成本经营五个因素（Michael Levy，BartonA. Weitz，1996)[57]。贾平和李开成（2006)[58]通过对百货零售企业竞争力的研究，提出企业竞争力的形成取决于两个因素，一是资源与能力的自组织，二是竞争力环境的作用，二者缺一不可。张金萍（2008）[59]认为，零售企业竞争力是由内部要素和外部要素共同作用形成的，其中，内部要素包括企业控制的资源、具备的能力和掌握的知识等；外部要素包括微观环境要素和宏观环境要素。肖怡（2003）[60]则提出零售企业的竞争优势主要来源于相互制约、相互支撑的五个要素，即商品、服务、店址与购物体验、低成本运作、信息管理系统。

3）竞争力评价的相关研究

国内学者对零售企业竞争力评价体系的研究成果较多，见表1-2。

表1-2 国内部分学者有关零售企业竞争力评价指标及方法的研究

学者	评价维度	评价方法
邵一鸣、钱敏（2003）[61]	市场占有能力、营运能力、获利能力、信息技术水平、人力资本	层次分析法和模糊综合评价法
岳中刚（2006）[62]	规模、效益、成长性、贡献率、市场环境	因子分析法
张东风、杜纲（2005）[63]	四流评价体系：价值流、服务流、零售物流和管理流	层次分析法
刘晓斌(2005)[46]	营销竞争力、品牌竞争力、规模竞争力、经营能力、获利能力、偿债能力、人力资源、信息资源、企业制度和企业文化	层次分析法
王桂根（2007）[64]	盈利能力、营运能力、偿债能力、增长能力	因子分析法
耿长慧（2009）[65]	规模实力、盈利能力、营销能力、服务能力、人力资源管理能力、企业形象	层次分析法和模糊综合评价法

4）竞争力构建及提升的相关研究

对零售企业竞争力的提升研究，成果颇多，但基本上都是从零售企业的实际出发，提出竞争力提升的策略性思考，有一定的针对性和实操性。但是，这些观点过于纷杂，从零售企业竞争力的本质出发进行系统研究的成果鲜见，难以形成较完善的理论体系。根据研究的视角，大体可分为单一视角和多元视角两类。

（1）单一视角

从零售企业现存问题的某一方面出发，提出提升零售企业竞争力的对策和策略，如降低企业成本（张微，2003）[66]，导入并完善现代物流（付铁山、商荣华，2004）[67]，建立客户关系管理系统（王铁民、何磊，2005）[68]，推动企业电子商务（亓文会，2005）[69]，提升企业信息能力（葛建华，2005）[70]，积极进行企业创新（制度创新、经营创新、业态创新、管理创新、技术创新等）（张新国，2005）[71]，加强并改进供应链管理（余凯，2005）[72]，开发培育自有品牌商品（张淑梅、王海涛，2007）[73]，提高顾客价值并且减少顾客总成本（阮雪芹、卢润德，2010）[74]等，以实现零售企业竞争力的提升。

（2）多元视角

越来越多的学者从多元视角，对零售企业竞争力的构建及提升进行研究。

窦凤英、卿卫平（2003）[75]认为，随着我国加入WTO，零售业对外开放政策的实施，仅靠企业自身力量发展是不够的，应从国家层面，通过健全市场经济体制、完善相关法律法规、强化政府监管职能、建立健全市场监测预报系统等为零售企业核心竞争力的提升创造良好的环境；同时，还应积极扶持和发展行业协会、商会，充分发挥它们的指导、服务、沟通、自律和监督作用。

祝合良（2005）[76]提出了零售企业竞争力提升的"两个基本点"和"六大转变"。两个基本点，一是大力开发和应用现代商业技术，提高零售业的技术含量；二是始终坚持人性化经营，回归零售业之本。六个转变，即从注重价格竞争向注重价值竞争转变，从注重交易向注重关系转变，从注重外部顾客向注重内外部协调平衡转变，从注重商品经营向注重品牌经营转变，从注重服务向注重创造体验转变，从注重品类管理向注重单品管理转变。

苗志娟、王晓凯（2008）[77]提出，零售企业通过战略、组织、技术三个层次构建和提升核心竞争力，即在战略层次上，明确自己的市场定位和零售业态，形成自身的经营特色；在组织层次上，积极创新，推进自有品牌战略，组织战略联盟；在技术层次上，加快信息技术的提升，加快人才培养，加强供应链管理和实施资本运营。

1.2.3 连锁商业企业竞争力的相关研究

连锁经营是商业企业实现规模化、现代化的发展之路，提升竞争优势的有效途径，因此，越来越多的企业和学者关注连锁商业企业发展的相关研究。目前，国内研究机构和学者主要以家电、医药、便利店等零售连锁企业为研究对象，从物流配送、人力资源、电子商务、评价体系等不同角度对连锁商业企业进行研究，并提出了相应的对策和措施，这些研究成果对促进连锁商业企业提升竞争力十分有益。但是，学者们对连锁商业企业竞争力结构、形成机理等的研究较为鲜见，对连锁商业企业竞争力的深层次研究则更为少见，尚未从理论层面系统地对连锁商业企业的竞争力展开阐释。

1）内涵的相关研究

（1）连锁经营的内涵

《中华人民共和国国内贸易行业标准•连锁经营术语》（SB/T 10465—2008）中对"连锁经营"的定义是："经营同类商品或服务，使用统一商号的若干店铺，在同一总部的管理下，采取统一采购或特许经营等方式，实现规模效益的组织形式。"该定义与《连锁店经营管理规范意见》（内贸政体法字〔1997〕第 24 号）中对"连锁店"的定义基本相同，其将连锁经营等同于连锁店，缩小了连锁经营的内涵及外延，未能准确界定连锁经营的含义。

连锁经营作为一种全新的经营方式和组织形式[78]，可以从两个方面理解：一是经营方式（或经营形式），是指在同一总部管理下，使用统一商号的若干个店铺组成的联合体，其通过规范化经营，实现规模效益的经营形式；二是组织形式（连锁店），即采取连锁经营方式，将若干店铺或分支企业构成的联合体称为连锁店，主要由总部和门店组成。因此，连锁经营是指经营同类商品和服务，使用统一商号的若干店铺或分支企业，在同一总部的管理下，通过规范化经营，实现规模效益的经营形式和组织形式（操阳，2008）[79]。连锁经营的类型主要包括直营连锁、特许连锁和自由连锁三种形式。

（2）连锁商业企业的内涵

商业企业一般是指专门从事商品交换和服务业务，向社会提供媒介性商业服务的独立的经济组织。它有广义和狭义之分。其中，广义的商业企业包括零售业、批发业、餐饮业、住宿业等；狭义的商业企业一般包括零售企业、批发企业以及批零兼营企业。

连锁经营作为一种先进的商业组织形式，改变了过去商业企业单体核算、单体经营的小商业经营模式，推动了单体店向组合店发展，促进了商业企业的规模化经营（操阳，2009）[80]。商业企业的快速发展，主要源于规模经济（McClelland，1962；Ofter，1973；Shaw，Nisbet & Dawson，1989）[81~83]，即整体企业的规模经济和企业各个网点的规模经济（Thurik&Koets，1984；Cioni&Milleri，1989）[84~85]。连锁商业企业是商业企业与连锁经营的有机结合，是商业组织模式创新的结果，通过将若干同行业店铺，以统一进货、分散销售的方式连锁起来，实现规模效益。

（3）连锁商业企业竞争力的内涵

对连锁商业企业竞争力内涵的界定，多采用比较竞争优势视角。周胜瑜（2004）[86]借鉴金碚的观点提出，连锁企业竞争力是连锁企业能够比其他企业更有效地向消费者提供产品或者服务，并且能够使自己得以生存和发展的能力。

何珊（2008）[87]从专业店业态的视角，提出专业连锁零售企业的核心竞争力是企业在发展过程中，将各种资源与市场有效整合，以成功实现企业的市场定位并超越其他企业，获取并保持长期竞争优势的能力。

2）竞争力构成要素的相关研究

周胜瑜（2004）[88]认为连锁企业竞争力由三个层次构成，最深层是企业竞争力的源泉，包括组织学习能力和企业家精神；中间层是企业的战略资源和核心能力；外表层则是企业竞争优势。

李赞平（2006）[89]认为，连锁零售企业的核心竞争力是由有效的流程控制、卓越的经营管理、出色的营销服务和积极向上的企业文化构成。

何珊（2008）[87]则认为连锁企业的竞争力主要由产品服务能力、物流管理能力、信息管理能力和市场拓展能力四个部分构成。

3）竞争力评价体系的相关研究

近年来，学者们关于连锁商业企业竞争力评价体系的研究成果比较多。其中，最著名的是中国连锁经营协会自 2000 年以来，每年发布的中国连锁"百强"排行榜。评价指标主要包括企业销售规模、门店总数以及增幅等规模性、速度性指标。

周瑜胜(2004)[88]运用模糊综合评价法，构建了以"生存能力和发展能力"为一级指标，同时包括 8 个二级指标和 43 个三级指标的连锁企业竞争力评价指标体系模型。

罗剑宏、孙尉栋（2007）[90]提出的连锁企业竞争力评价指标体系，包括 7 个一级指标（生产经营、人力资源管理、市场营销、供应链管理、资产运营、财务管理、企业发展）、11 个二级指标以及 36 个三级指标。

李华方、杨凡（2006）[91]运用模糊综合评价法结合层次分析法，构建了连锁零售店面竞争力的评价模型，评价指标主要包括内外部物流、店面运营、销售与服务、人力资源管理、技术开发、店面基础设施六个方面，共计 23 个指标。

徐印州、相晓伟(2010)[92]提出了本土连锁便利店企业核心竞争力的评价指标体系，共有 7 个一级指标、26 个二级指标，主要从人力资源、创新、信誉、营销、渠道网点和选址等方面对便利店企业的核心竞争力进行评价。

张君芝等（2012）[93]构建了连锁零售企业竞争力评价指标体系，一级指标有发展能力、经营能力、盈利能力、安全性、现金流和经营规模等，并对国美电器和苏宁电器进行了评价分析。

王崇彩（2012）[94]提出的连锁零售企业评价指标体系，包括品牌影响力、宏观环境、盈利能力、偿债能力、运营能力五个方面。

董仕华（2012）[95]以连锁便利店企业为研究对象，构建了以财务资源和运用能力、信息资源和运用能力、市场资源和运用能力、人力资源和运用能力、组织资源和运用能力、知识资源和运用能力等为一级评价指标的评价体系，并运用模糊综合评价法进行了实证研究。

4）竞争力提升的相关研究

学者们对连锁商业企业竞争力提升的研究，多从策略层面提出对策。例如，李定珍（2008）[96]针对大型连锁零售企业存在的问题，提出了科学的企业战略定位、规范化经营、实现信息化及高效物流配送系统、加强人力资源开发与管理等提升措施。李赞平（2006）[97]提出提升连锁企业核心竞争力的主要措施，包括选择适合的市场竞争战略，强化支持系统，提升企业技术含量和加强人才培养等。何珊（2008）[98]提出，应从加强人力资源管理、构筑物流配送中心、实行电子商务、实施顾客关系管理、加强政府政策支持与保护，以及完善行业管理体制等方面，培育专业连锁零售企业的核心竞争力。

1.2.4 文献评价及问题提出

1）文献评价

上述研究成果，一方面促进了商业企业的规模化发展，为企业竞争优势的取得提供了理论指导；另一方面为后人的研究工作提供了较好的基础。但是，就目前有关国内企业竞争力的研究文献来看，连锁商业企业竞争力的研究主要借鉴了制造企业竞争力的研究思路和方法，且多集中在评价体系的研究方面。对连锁商业企业竞争力的内涵、构成要素、评价体系、提升方法的研究基本上与对零售企业竞争力的研究雷同，还没有质的突破，尚未体现连锁商业企业竞争力与零售企业竞争力的本质区别，同时研究框架体系不明确，未从连锁经营的本质出发对连锁商业企业竞争力的内涵、结构进行剖析，其评价方法也难以引导企业做强，提升路径还局限于策略性的研究范畴。对连锁商业企业竞争力深层次的研究成果较为鲜见，与连锁商业企业在国民经济中的地位极不相称，对连锁商业企业特质基础上的企业竞争力的研究产生了很大的局限性。具体表现在：

（1）基于不同发展阶段的连锁商业企业结构、企业行为研究的不足

在不同的发展阶段，商业企业赖以生存的土壤不同，因此企业获取竞争优势的方式和手段也有很大不同。在连锁商业发展初期，企业主要依靠规模扩张获取资源和竞争优势，因而形成了"外延式"的企业竞争

力。但是时至今日，中国连锁商业已经进入了一个新时期、新阶段，因此，研究连锁商业企业的竞争力必须立足现阶段的商业发展背景，探究连锁商业企业竞争力的内涵及构成，以及如何构建企业新的竞争优势，形成企业的核心竞争力，这是企业竞争力研究的重点问题。企业存在于不同的市场结构，不同的市场结构会影响企业战略的制定及市场定位，进而影响企业的市场行为和市场绩效。从以往的文献成果可以看出，基于连锁特质的动态市场结构类型、竞争特点的研究以及企业行为模式的研究比较缺乏，这使得连锁商业企业竞争力研究的理论基础比较薄弱。

（2）对连锁商业企业竞争力结构缺乏系统性研究

尽管现有研究从资源、能力、环境、流程等方面对商业企业竞争力的形成进行了研究分析，但最大的局限性是忽视了系统论的运用。商业企业本身是一个系统，与外部环境进行着物质和能量的交换，这个系统又是由若干个子系统构成的，因此研究子系统的运作及它们之间的协同，对于探究企业竞争力的形成及提升路径至关重要。

（3）现有连锁商业企业竞争力评价体系研究的不足

一方面，学界构建的评价指标体系的现实操作性不强，如指标设计太多、数据获取困难、关键性指标不突出或过于笼统等；另一方面，业界构建的评价指标体系过于侧重市场表现力（销售规模、门店数量、利润等），引导企业做大，导致了企业行为的短视效应明显，不利于企业竞争力的培育和提升。现有研究尚未构建以做强为导向的连锁商业企业竞争力评价体系。

（4）连锁商业企业竞争力提升路径研究方法的不足

路径有多种解释，如道路、到达目的地的路线、做事的方法等。现有研究成果无论是在战略层面上，还是在策略层面上，多为针对企业存在的问题和症结提出的解决对策和措施，较少有从方法论的视角加以研究。现有研究尚未对连锁商业企业竞争力提升的路径进行系统的理论研究，连锁商业企业竞争力提升的理论研究范式尚显不足。

2）研究问题的提出

鉴于现有文献上述研究领域的不足，结合中国连锁商业企业发展的实际，本书认为，要提升连锁商业企业竞争力，缩小我国与国外连锁商业企业竞争力的差距，构建我国连锁商业企业自身的竞争优势，就必须解决以下问题：

（1）理念转型问题

厘清连锁商业企业竞争力的内涵及内在形成规律，探析后金融危机时代连锁商业企业应如何进行科学的战略理念定位，即如何从做大的竞争理念向做强的竞争理念转型发展。

（2）做强的路径问题

探析连锁商业企业竞争力的本质特征和结构，研析连锁商业企业内涵式提升的内在机理，挖掘连锁商业企业竞争力的核心能力并重点培育，使之能够支撑连锁商业企业竞争力的其他能力，使企业由短期做强向长期做强发展，促进做强与做大协同发展。

为此，本书立足系统观，运用资源能力理论、战略管理理论、价值链理论、竞争优势理论等，借鉴"市场结构（S）—企业行为（C）—市场绩效（P）"分析框架，构建本书的研究框架，探究连锁商业企业竞争力的内涵、结构以及内在机理，提出提升我国连锁商业企业竞争力的路径，旨在为我国连锁商业企业的经营管理和政府决策提供理论支撑和应用指导。

1.3　研究的内容与技术路线

1.3.1　主要内容与方法

本书以连锁商业企业为研究对象，运用资源能力理论、竞争优势理论、战略管理理论等，构建连锁商业企业竞争力提升理论分析框架，研究要点如下：

1）绪论

通过文献梳理，掌握国内外相关研究的发展状况，结合我国连锁商业以及连锁商业企业发展的实际，依据文献述评提炼出的问题，提出亟待研究的科学问题和研究内容，厘清研究目的、思路和技术路线，指出本书的创新点。

2）连锁商业企业竞争力的理论基础

以系统论、资源能力理论、价值链理论和竞争优势理论为基础，以企业树为切入点，揭开连锁商业企业竞争力的"黑箱"，界定连锁商业企业竞争力的内涵；构建连锁商业企业竞争力的结构模型，探析模块之间的关系；借鉴"市场结构（S）—企业行为(C)—市场绩效（P）"分析框架，构建连锁商业企业竞争力提升的理论分析框架。

3）转型期连锁商业企业竞争力提升的战略定位分析（S）

运用波特的"五力"模型和资源能力理论，通过对转型期连锁商业企业内外部环境变化的分析，探析转型期连锁商业企业竞争力的特点，并运用战略管理理论，探究连锁商业企业竞争力提升的战略定位转型思路及实施路径，为连锁商业企业的战略定位转型以及企业竞争力的提升提供科学依据。

4）转型期连锁商业企业竞争力提升的行为模式分析（C）

从管理学、营销学的角度，解析在不同的战略定位下，连锁商业企业行为模式的本质及特点，探究外延式和内涵式行为模式的形成机理，明晰转型期连锁商业企业竞争力提升由"外延式为主"向"内涵式为主"行为模式转型发展的重点和思路。

5）转型期连锁商业企业竞争力测度分析（P）

运用主成分分析法，以转型期做强企业为目标，以"总部资源配置力、门店市场服务力、物流系统配送力"为一级指标，构建"做强导向"的连锁商业企业的竞争力测评指标体系，并通过典型个案测评分析，得到有关连锁商业企业竞争力提升路径的启示。

6）转型期连锁商业企业竞争力提升的方案设计

运用战略管理理论、供应链协同理论，提出转型期连锁商业企业竞争力以内涵式提升为主的路径思考，并从企业和政府两个维度提出了连锁商业企业竞争力提升的途径及对策。

1.3.2 技术路线

本书的技术路线图如图 1-3 所示。

1　绪论

研究背景　连锁商业企业的外在竞争压力及内生增长不足等，驱动对连锁商业企业竞争力的研究

文献研究
- 企业竞争力的相关研究
- 零售企业竞争力的相关研究
- 连锁商业企业竞争力的相关研究

相关理论
- 竞争优势理论
- 资源能力理论
- SCP 理论

竞争优势理论
资源能力理论
SCP 理论

2　连锁商业企业竞争力的理论基础

内涵认知 → 构建竞争力结构模型 → 研究理论框架

3　转型期连锁商业企业竞争力提升的战略定位（S）

环境变化　组织资源变化 → 战略定位转型

"五力"模型
资源能力理论
战略管理理论

4　转型期连锁商业企业竞争力提升的行为模式（C）

行为模式的类型分析
行为模式的形成机理分析 → 行为模式转型

系统论
管理学、营销学
战略管理理论

5　转型期连锁商业企业竞争力测度分析（P）

评价体系构建 → 典型个案研究 → 研究结果讨论

主成分分析法

6　转型期连锁商业企业竞争力提升的方案设计

内涵式提升的方案设计思路
内涵式提升的方略 → 连锁商业企业做强

战略管理理论
管理学、经济学
供应链协同理论

促进中国连锁商业及企业竞争力持续提升

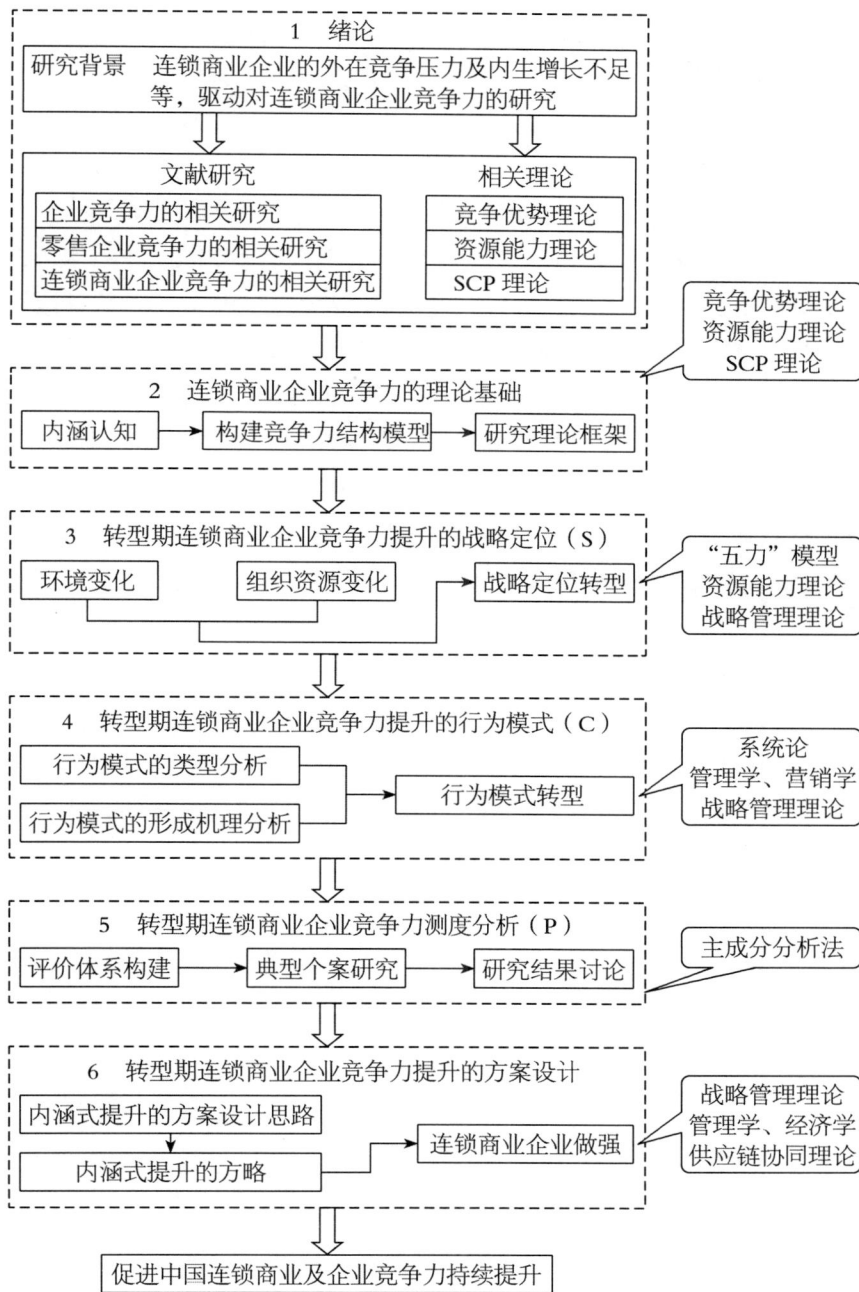

图 1-3　本书的技术路线图

1.4　创新点

1）理论创新

其一，构建了连锁商业企业竞争力的"三力"结构模型，即连锁商业企业竞争力是由总部资源配置力、物流系统配送力和门店市场服务力构成，"三力"相互联系、相互作用、相互转化。其中，总部资源配置力是核心能力，是连锁商业企业赖以生存和发展的根本保证；物流系统配送力是基础能力，是门店市场服务力得以实现的基础保障；门店市场服务力是关键能力，是连锁商业企业赖以生存和发展的根本动因。

其二，提出了连锁商业企业由外延式向内涵式转型发展的竞争力提升的理论体系，即连锁商业企业"三转"发展体系（战略定位转型、行为模式转型和绩效评价方式转型），为连锁商业企业转型发展提供理论指导。

2）实践创新

本书运用主成分分析方法，构建了以"做强"为导向的连锁商业企业竞争力的评价指标体系，提出了内涵式发展的竞争力提升路径，可以为连锁商业企业竞争力的提升提供理论指导和方法手册，也可以为政府决策提供支撑。

第2章 连锁商业企业竞争力的理论基础

连锁商业作为一种新型的商业组织形式，极大地推动了现代商业的发展，促进了社会经济的繁荣。连锁商业企业的发展依存于企业竞争力的有力支撑。本章界定了连锁商业企业竞争力的内涵，探究了连锁商业企业竞争力的结构，运用资源能力理论，以"结构（S）—行为（C）—绩效（P）"为分析主线，构建了连锁商业企业竞争力概念模型和分析框架。

2.1 连锁商业企业竞争力的内涵及特征

商业企业（狭义）是以商品的购、销、运、存为基本业务，属于商品的流通环节，并不直接创造商品的使用价值。由于连锁经营模式的引入，改变了传统商业企业购、销、存、运一体化的商业运作模式，将现代化工业大生产的原理应用到商业中，把复杂的商业活动分解为类似工业生产流水线上的每个环节，使采购、销售、配送、经营决策等各负其责，不仅使商业活动变得相对简单化，而且使社会化大流通与社会化大生产相适应，实现了组织模式的创新，衍生了现代连锁商业企业组织形式。本节在认知连锁商业企业含义的基础上，界定了连锁商业企业竞争力的内涵，构建了连锁商业企业竞争力概念模型，分析了连锁商业企业竞争力的特征。

2.1.1 连锁商业企业竞争力的内涵

连锁商业企业是商业企业与连锁经营的有机结合，其有别于传统商业企业，是商业组织模式创新的结果。因此，其既具有商业企业的一般特质，又具有连锁经营的特点，主要表现为两个方面：从表象上看，连锁商业企业由多店铺构成，使用同一商号（企业品牌），并在同一总部的管理下统一采购、分散销售；从内核上看，连锁商业企业服从总部的统一管理、协调和配置，并按标准化、专业化和规范化组织运营，以获取规模效益。其本质是通过多店铺复制，实现"1+1＞2"的系统整体效应最大化目标。据此，本书提出，连锁商业企业是指将若干同行业店铺，以统一进货、分散销售、统一管理、资源共享等方式连锁起来，在同一个企业品牌形象下进行经营和服务，以实现规模效益的商业企业。

根据波特的竞争优势理论和资源能力理论可知，企业竞争力是一个通过与竞争者比较而得到的相对的概念，是企业获得竞争优势的综合能力和素质。连锁商业企业竞争力是企业综合实力以及整体优势的能力集。竞争优势源自企业的优势资源，以及提高资源使用率，为顾客创造超过其成本的价值。连锁商业企业利用其多店铺的网点渠道，向消费者提供满意的产品和服务，进而赢得顾客。实践表明：谁赢得了顾客，谁就赢得了竞争优势，也就赢得了企业可持续发展的竞争力。因此，本书从消费者和企业双视角解析连锁商业企业竞争力的含义。

1）消费者视角

对消费者而言，商业企业竞争力体现为，能够满足其需求的一组高附加值的产品和服务。消费者对连锁店的识别和选择，主要基于对业态的认知和商业企业品牌的认同。

随着连锁商业的发展，消费者对超市、百货、便利店、专业店、专卖店等业态认知的加深，不同业态的商业企业提供的产品和服务被广大消费者所熟知，方便了消费者购物选择。而消费者对连锁商业企业的识别主要是通过商号，即统一的企业品牌名称。比如沃尔玛、家乐福、苏宁、国美、宜家等，这些企业品牌具有脸谱般的识别效应，能够向消费者展示其提供的商品和服务品质、管理的水平以及社会信誉等；消费者基于对某一企业品牌的认同，选择其连锁门店购物，进一步提升了该企业品牌的知名度，使店扩张成为可能。可见，从消费者的角度来看，连锁商业企业竞争力是企业品牌竞争力的折射。换言之，连锁商业企业竞争力外显为品牌竞争力(如图 2-1 所示)。

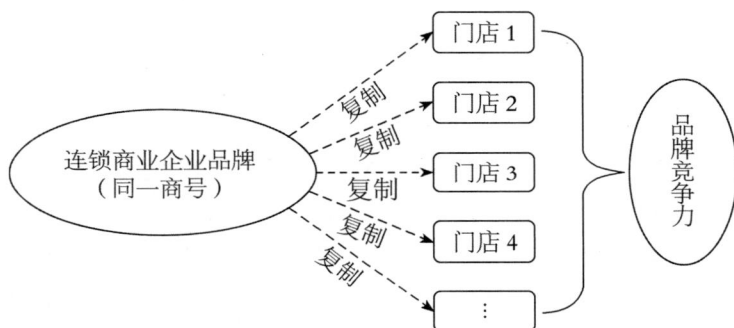

图 2-1　消费者视角下连锁商业企业竞争力示意图

2）企业视角

资源能力理论认为，企业是一个资源集合体[99]，企业成长是通过创新、变革和强化管理等手段的运用、整合，促进资源增值，进而谋求企业持续成长的动态过程（Wernerfelt,1984)[100]。企业可以根据自身的可控资源、可开发资源及其配置，开发、保护其他企业不易模仿的战略资源，强化竞争优势，避免竞争劣势(宝贡敏，2001)[101]。企业竞争优势的形成、强化、创新和变革，是由企业的资源和能力决定的，企业的资源和能力最终决定了企业的边界，即企业经营的纵向程度和横向多角化程度。因此，连锁商业企业的规模边界和竞争力的形成，是由企业的资源和能力决定的。如何将企业的各种资源进行协调、整合，形成具有异质性的竞争能力，实现门店的有效复制呢？本书借鉴企业树理论打开这个"黑箱"（如图 2-2 所示）。

企业如树，要想枝繁叶茂、果实累累，不仅需要浇水施肥、修枝打杈，更需要顺应商业成长的逻辑，精心打造企业树的脏器（能力），这样才能使企业之树常青。而企业这个富有活力的组织（大树）是由管理

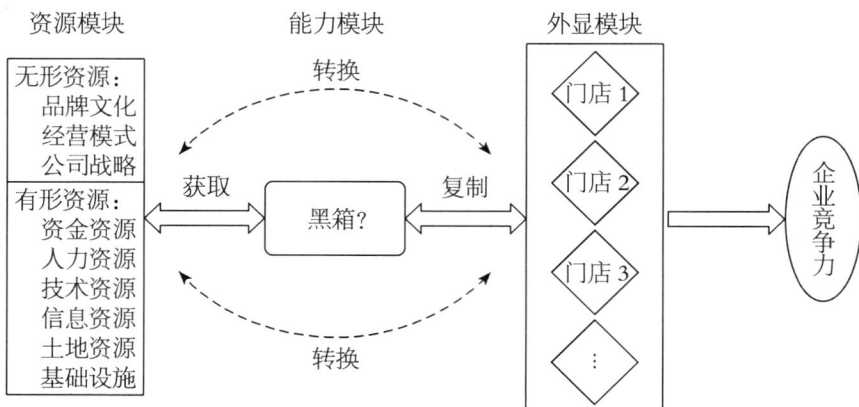

图 2-2 连锁商业企业竞争力形成黑箱图

力、产品力、渠道力、品牌力四大脏器组成的，这四大脏器是一个企业得以生存、运营和充满竞争力的必备"器官"。企业在运营过程中，各业务单元的功能传递只有经历了"四大脏器"的循环，才能够证明企业运营要素的正常和完整（陈永山，2006）[102]。由此，本书尝试打开黑箱（如图 2-3 所示），解析四大脏器（能力）对企业竞争力提升的作用和价值。

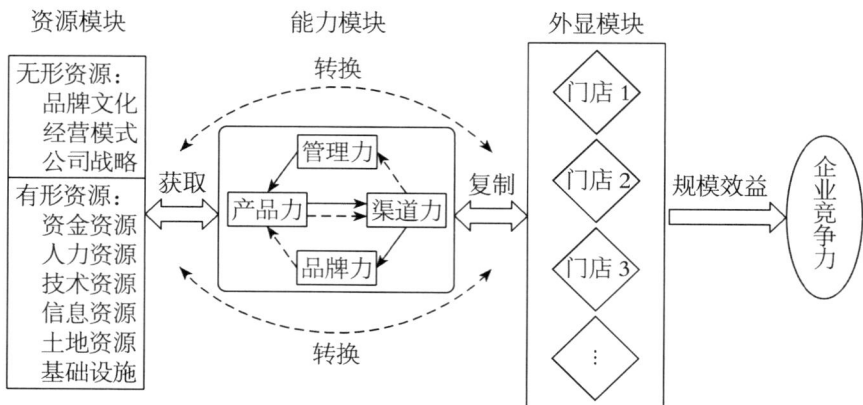

图 2-3 连锁商业企业竞争力黑箱揭示图

在图 2-3 中，管理力是企业经营管理目标的实现能力，是企业赖以生存和实现永续经营的根本保证；产品力是企业产品被顾客喜爱的程度，是满足顾客、实现顾客价值和企业盈利目标的能力，是企业赖以生存和实现永续经营的根本动因；渠道力是产品力得以实现或完成交易过程的能力，是管理力的延伸；品牌力是产品力感性化的表现方式，它建立在产品力和渠道力之上，是企业创造无形资产的路径之一。四大能力的关系为：管理力决定了产品力和渠道力，产品力和渠道力支撑着品牌力。企业系统的运营过程为：管理力→产品力→渠道力→品牌力；品牌力→产品力→渠道力→管理力……不断循环。

结合连锁商业企业的特质以及运营管理体系和组织分工，上述四种能力又可表示为总部管理力、物流配送力、门店运营力（如图2-4所示）。总部（Headquarters）是连锁商业企业的核心管理机构，负责连锁体系的资源开发、管理、配置、协调和控制，因此连锁商业企业的管理力主要表现为总部管理力；连锁商业企业的运营离不开物流配送，没有物流配送，企业的产品和服务就无法运送到门店和顾客那里，交易就无法实现，因此连锁商业企业的渠道力主要表现为物流配送力；连锁门店（Outlet）作为专门的销售业务单位，根据总部的要求和服务规范，直接为终端消费者提供产品和服务，创造顾客价值，没有门店提供服务，顾客价值和企业的利润均无法实现，因此连锁商业企业的产品力主要表现为门店运营力。此外，由于连锁商业企业实行统一商号，因此连锁商业企业的品牌力建立在总部管理力、物流配送力和门店运营力之上，是企业在长期经营中逐步累积起来的，具有一荣俱荣、一损俱损的特点。

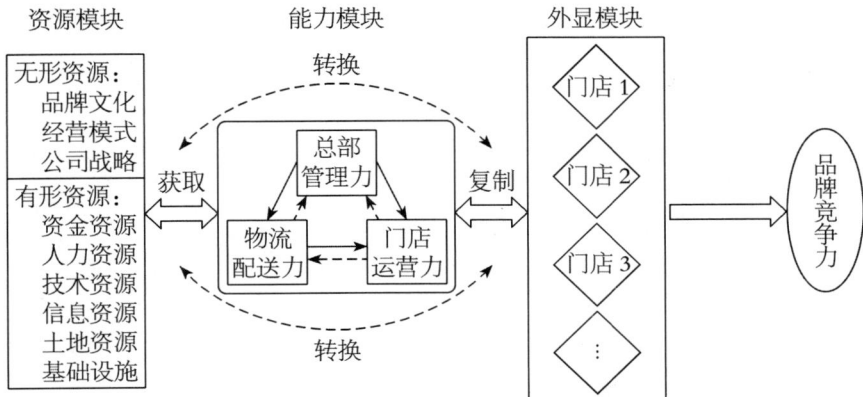

图2-4 连锁商业企业竞争力形成机理图

从企业视角考虑，连锁商业企业由总部管理力、物流配送力和门店运营力构成，"三力"相互关联、相互作用、相互转化，是对连锁商业企业有效运营的品牌化、形象化、系统化的揭示，打造三大能力是企业获取竞争优势和永续发展的动力和保障。

综上所述，连锁商业企业竞争力实为同一个硬币的两面：一面为消费者视角的品牌竞争力（外显）；另一面为企业视角的企业综合竞争力（内隐）。[103]内隐竞争力是外显竞争力的源泉和支撑。因此，本书对连锁商业企业竞争力的界定如下（如图2-5所示）：

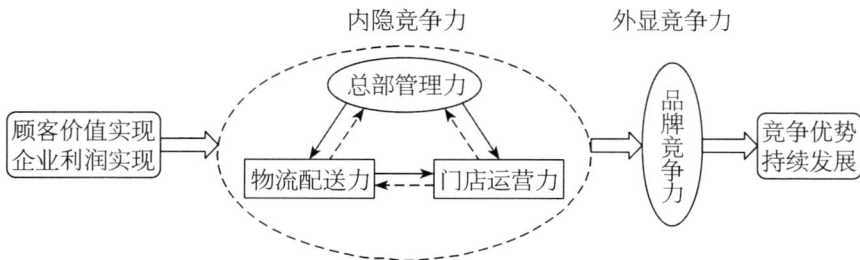

图2-5　连锁商业企业竞争力概念模型

连锁商业企业竞争力是在一定的市场环境中，与竞争对手相比，能够持续有效地满足顾客需求，获得比较竞争优势和自身发展的综合能力，其外显为品牌竞争力，内隐为物流配送力、门店运营力和总部管理力。其中，总部管理力是核心，是连锁商业企业赖以生存和实现永续发展的根本保证，决定了物流配送力和门店运营力；门店运营力是连锁商业企业赖以生存和实现永续发展的根本动因，承担着实现企业利润的目标，使企业全员劳动的价值得以实现；物流配送力是总部管理力的延伸，是连锁门店运营力得以实现的基础保障。

2.1.2　连锁商业企业竞争力的特征

连锁商业企业竞争优势的获取和保持，一方面通过连锁总部合理配置资源，使有限的资源发挥最大的效用，从而获得比竞争者多的产出；另一方面通过对门店的复制，满足消费者的需求，从而争夺更多的消费者。因此，连锁商业企业竞争力来自提高资源使用和配置的效率，这也是连锁商业企业做强及连锁效应放大的基础。连锁商业企业竞争力除了具有企业竞争力的一般特征，如比较性、动态性、过程性、利益性以及整合性（许基南，2004；唐友明，2008）[104-105]外，还具有以下特征：

（1）品牌资源的战略性

连锁商业企业是多店铺的集合体，在发展过程中最显著的特点就是使用统一的企业品牌（同一商号）进行门店扩张，以取得规模竞争优势。商号作为顾客有效识别连锁商业企业的重要工具，承载着品牌商誉和商品服务信息，品牌商誉一旦被消费者认可，就非常容易形成品牌忠诚，同时还能更好地满足购买者需要的独特附加价值（Chematory & McDonald，1998）[106]，强化品牌资产的专有性，形成个性化的企业品牌。企业商号是连锁商业企业的战略性资源，品牌竞争力是连锁商业企业的外显竞争力。品牌竞争力属于品牌战略管理的范畴，是一种长期积累而成的整合能力，其根本目的是塑造企业强势品牌（Aaker & Joachimsthaler，2002）[107]。

连锁商业企业品牌的培育和企业总体战略发展相一致，是在长期的经营管理过程中逐渐累积起来的，它随着企业的成长而成长。由于连锁商业企业具有明显的总部集中管理和门店分散经营的特性，连锁总部的企业品牌战略定位直接决定并影响着门店的区域定位、布局定位、业态定位、商品和服务定位等，进而影响着门店的运营和消费者对企业品牌的认知度和认可度。所以，企业品牌战略性培育是连锁商业企业竞争力形成的重要基石。例如，"天天平价"是沃尔玛成立之初就确定的经营理念，经过几十年的品牌培育，它已成为沃尔玛的代名词，被广大消费者所熟识，沃尔玛也成为价格敏感消费者的最佳选择。

（2）资源配置的有效性

企业竞争力是企业在市场竞争中，通过对可利用资源的有效配置而形成的。[108]资源对企业竞争力的影响体现在两个方面：其一，企业控制或可利用资源的多寡；其二，如何发挥资源的最大效用，进行合理配置。其中，合理配置资源是企业取得竞争优势和创造利润的关键。实践中，连锁商业企业的竞争力是基于连锁总部对可利用资源的合理配置而形成的，因此，连锁总部能否合理配置资源，是连锁企业竞争力形成的关键。

连锁总部的管理能力主要体现在能否有效地配置资源，即资源配置的方向、结构和质量。其中，资源配置方向是企业战略方向和目标的体现，决定了企业的发展路径，也在一定程度上影响了资源配置的结构和质量；资源配置结构是指对可利用的各类资源，按照什么方式、比例进行配置，这直接影响了资源配置的质量；资源配置质量体现了资源配置的效果，能够检验资源配置方向和结构正确与否。

（3）经营模式的复制性

复制性是连锁经营的本质特征之一，如特许经营就是品牌、专有技术、产品服务、经营模式等不断复制的过程，即标准化模式的复制。

从外显性看，连锁商业企业通过对企业品牌的成功复制实现门店扩张，即通过对统一品牌商号的复制，实现企业品牌的延伸和门店扩张。品牌复制的途径主要有特许加盟、直营连锁、兼并和购并。无论何种途径，品牌复制成功的前提和基础都是，企业能够将分散的经营管理经验进行总结、归纳，形成一套操作性强的标准化、专业化、规范化的经营管理模式。连锁商业企业品牌复制成功的关键在于其资产能够由专用性向通用性转化[109]，即通过标准化、专业化、规范化的管理，使企业的业务流程、管理制度、标准等由专用性向通用性转化，形成企业品牌的连锁效应。可见，成功的标准化模式是连锁商业企业复制性经营的前提和基础。

2.2 连锁商业企业竞争力的结构

基于连锁商业企业竞争力的内涵及特征分析，本节对连锁商业企业竞争力的结构进行分析，并探究各结构模块间的关联性。

2.2.1 连锁商业企业竞争力结构模块

波特认为，企业的竞争优势来源于生产、营销、交货、后勤等过程中的各种价值活动，而这些价值活动可以用价值链表示出来。本书借鉴波特的企业价值链思想，构建连锁商业企业价值链模型，以连锁商业企业运营的基本活动和辅助活动为研究维度，进一步探究连锁商业企业竞争力的构成。

1）连锁商业企业价值链模型

根据波特的观点，企业的一切活动都是由各种各样有价值的活动（主要包括基本活动和辅助活动）组成的，这些有价值的活动相互衔接，形成了企业内部价值链条。如果企业价值活动向企业外部扩张（上游供应商、下游客户），就形成了供应商-企业-客户的价值系统，竞争优势就来自价值系统和价值链中。商业企业是通过赚取转售差价而获取利润的，采购、销售、储存、运输是其典型的四大基本价值活动。连锁商业企业最大的特点是采取联购分销（总部集中采购、门店分散销售）的经营模式，即通过实施集中且大规模的采购和进货、内部物流（商品储存、保管、配送）、商品销售和顾客服务等活动创造新价值。[110]连锁商业企业之间的竞争，外显为企业品牌之间的竞争，实质是企业价值链，乃至整个价值系统综合竞争力的较量。结合连锁商业企业的特点，本书认为连锁商业企业价值链主要包括基本活动和辅助活动两种，其中基本活动包括商品采购、物流配送、商品销售和顾客服务等，辅助活动包括企业基础设施建设、人力资源管理、技术开发、店铺选址等（如图2-6所示）。

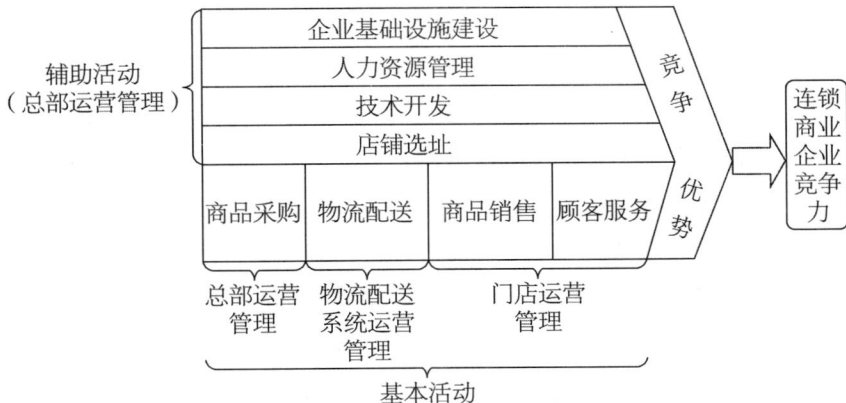

图 2-6　连锁商业企业价值链模型

（1）基本活动要素

①商品采购。商品采购是连锁商业企业经营活动的起点，也是影响

连锁门店销售的重要因素和经济效益高低的关键环节。商品采购由连锁商业企业总部统一、集中实施，主要包括选择并确定供应商、采购谈判、采购实施、货款结算、采购商品跟踪等。商品采购是连锁总部运营管理的重要活动，采购商品的数量、质量、价格、效率等因素直接影响企业的效益和效率。

②物流配送。物流配送是指连锁商业企业的配送中心（或供应商或第三方物流机构）按照各门店的要求，将商品定品种、定质量、定数量、定时间送到各门店的活动。物流配送主要包括收货、在库管理、库存控制、门店订单处理、发货车辆调度、门店配送等。物流配送活动是由连锁商业企业的物流配送系统统一实现的，控制物流成本、提高对门店的服务水平是物流配送系统运营管理活动的重要内容。

③商品销售。商品销售是指为顾客提供购买商品的方式或途径，旨在引导、促进顾客购买的各种活动。商品销售活动是连锁门店运营管理的重要内容，其本质是商品价值的实现，主要包括卖场布局、商品陈列、品类管理、定价、广告促销以及售卖等。

④顾客服务。顾客服务是商品销售活动的延伸，是为了保持和提高产品价值而提供给顾客的价值活动。顾客服务活动是门店运营管理的重要内容，主要包括投诉处理、退换货处理、产品调试、提供商品信息等。提高顾客服务水平，可以为企业和顾客创造更多的价值。

（2）辅助活动要素

连锁商业企业的辅助活动是为了保障基本价值活动的正常运行，主要包括企业基础设施建设、人力资源管理、技术开发和店铺选址等活动，这些活动的开展均由总部实施，是连锁总部运营管理的主要内容。

①企业基础设施建设。企业基础设施建设由大量的活动组成，包括企业战略规划、管理制度、财务管理、质量控制、法律支援以及外部公共管理等。企业基础设施建设通过整个价值链而不是单个活动起辅助作用。

②人力资源管理。人力资源管理主要包括员工招聘、培育、能力开发、薪酬、绩效考核等。人力资源管理既支持基本活动和其他辅助活动，也支撑着整个价值链。

③技术开发。连锁商业企业的每一项价值活动都包含技术成分。从店铺选址、商品进货、商品管理、库存控制、商品配送、店内布局设计、商品陈列设计到顾客结款及跟踪服务等都需要技术开发。技术开发同人力资源管理一样，不仅对基本和其他辅助活动起支持作用，而且支撑着整个价值链。

④店铺选址。店址是连锁商业企业与消费者的连接点，企业的收入都来自消费者在这些连接点上的消费和交易。店铺选址涉及商圈调研、门店定位、网点布局以及门店开发方式等活动，它对商品采购、物流配送、商品销售等基本活动起支持作用。

可见，连锁商业企业的价值链可以归结为三大活动，即总部运营管理、物流配送系统运营管理和门店运营管理。这种价值活动的拆分和合并有利于本书下一步的研究工作。

2）连锁商业企业竞争力结构模块解析

通过对连锁商业企业价值链分析，连锁商业企业的价值活动主要由总部运营管理、门店运营管理和物流配送系统运营管理组成。而这三大价值活动分别由连锁总部、连锁门店和物流配送系统三大机构实施。连锁商业企业的竞争优势来源于三大价值活动所涉及的市场范围的调整，连锁商业企业的竞争能力也主要通过总部运营管理能力、门店运营管理能力和物流配送系统运营管理能力彰显出来。

（1）总部运营管理能力

总部就像连锁商业企业的心脏，是企业的管理中心和指挥中心，承担着整个连锁体系的统一运营管理职能。第一，连锁总部负责对企业控制或可利用的资源，如产品、技术、人力、资本、品牌、信息、网点以及外部关系等，实行统一开发、分配、使用、控制和协调；第二，连锁总部负责对门店的商品销售等各项业务活动进行统一指导、规范和管控；第三，连锁总部负责对商品采购、物流配送、顾客服务等基本活动以及店铺选址等辅助活动进行统一的指导、规范和管控。连锁总部运营管理能力是指连锁总部对企业资源的开发、使用、控制和协调能力，其本质是总部资源配置力。它强调资源的战略定位，即能否通过有效组织、配置和控制资源，实现资源效用的最大化；能否通过有效协调供应商、竞争者等外部关系，形成合理的利益共享机制；能否通过对门店和物流系统的有效管控，实现规模效益和品牌效益最大化。总部资源配置力决定了企业的发展领域、业务范围、运营管理水平以及运行效率，是连锁商业企业竞争力的核心能力。

（2）门店运营管理能力

连锁门店是直接面向顾客的经营单位，既是顾客购物的场所，也是市场竞争的主战场，主要承担着商品销售和服务的职能。第一，门店承担着商圈的市场调研工作，包括顾客调研和竞争者调研等；第二，门店负责商品的订货、理货、销货以及顾客服务等业务活动；第三，门店还需要通过自身的运营，为顾客创造更多的附加价值。门店运营管理能力是指连锁门店为终端顾客提供产品和服务，创造顾客价值的能力，其本质是门店市场服务力。它强调门店的市场定位和商圈运营，即能否通过连锁总部的科学选址和门店定位，实现门店资源效用的最大化；能否通过提供适销对路的商品和服务，提高顾客的满意度和门店的市场地位；能否通过门店有效的运营管理，提高销售业绩，扩大商圈的服务半径，形成区位竞争优势，实现单体店的效益最大化。门店市场服务力关系到企业的盈利能力和水平以及市场占有率，反映了企业的业态定位、产品组合、服务范围和管理水平等，是连锁商业企业竞争力的关键能力。

（3）物流配送系统运营管理能力

物流配送系统（物流配送中心）是为连锁门店提供商品的储存、送货以及物流信息处理，同时为连锁门店商品运营提供保障的专门机构。按照配送主体不同，物流配送系统可划分为自建物流配送中心配送、供应商配送、第三方物流配送和共同配送四种类型（李飞，2009）[111]。无论选择何种类型，建立高效率、低成本、实时的弹性物流配送体系，是提高门店运营效率的基本保障和条件。物流配送系统运营管理能力是指根据连锁门店的销售需求，保质、保量、及时地将商品送到门店，并为连锁总部和门店提供物流信息服务的能力，其本质是物流系统配送力。物流系统配送力反映了物流基础设备水平、物流技术水平、物流成本管理水平以及对门店的响应速度和服务水平等，是连锁商业企业竞争力的基础能力。

可见，连锁商业企业竞争力的本质是通过整合企业资源创造顾客价值的能力。连锁总部资源配置力、门店市场服务力、物流系统配送力三大模块相互作用、相互影响、相互支撑，共同构成了连锁商业企业竞争力，形成了"三位一体"的竞争力结构(如图2-7)，成为连锁商业企业可持续发展的动力源泉。

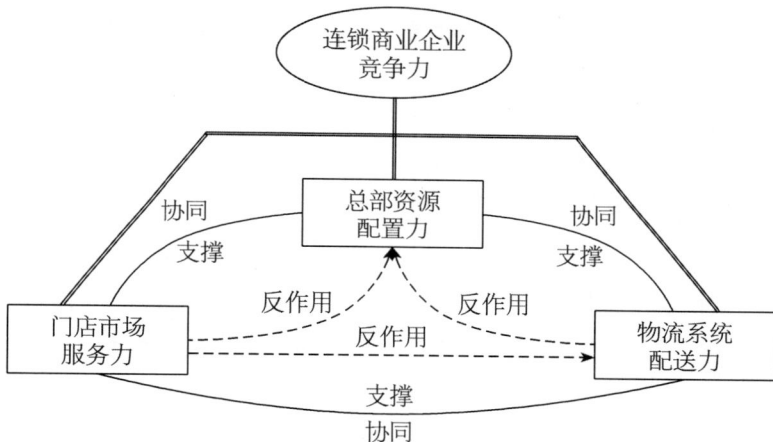

图 2-7　连锁商业企业竞争力结构图

2.2.2　连锁商业企业竞争力模块间的关联分析

连锁商业企业竞争力是由总部资源配置力、门店市场服务力和物流系统配送力构成，"三力"相互联系、相互作用、相互转化。总部资源配置力是连锁商业企业竞争力的核心能力，决定着物流系统配送力和门店市场服务力，有什么样的总部资源配置力，就只能打造出什么样的物流系统配送力和门店市场服务力。没有了总部资源配置力，门店市场服务力和物流配送力就失去了方向和目标；门店市场服务力是连锁商业企业的关键能力，没有门店市场服务力，总部资源配置力就没有了存在的土壤，物流系统配送力就没有了服务对象；物流系统配送力是连锁商业企业的基础能力，没有物流系统配送力，总部资源配置力就没有了外在的延伸，门店市场服务力就无法实现。

1) 总部资源配置力与门店市场服务力的关系

总部资源配置力决定并支撑门店市场服务力，其对门店市场服务力的决定作用和影响主要表现为以下三个方面：

（1）门店的市场定位

连锁总部决定连锁门店的市场定位，包括商圈选址、业态选择、产品组合、经营结构等，门店定位反映了连锁总部的资源配置方向、结构和范围。

（2）门店的组织机构和流程管理

连锁总部决定门店的组织模式（直营连锁或特许加盟）、组织机构、人员配置、岗位职责、管理制度，以及门店运营的业务流程和各项管理标准，旨在促进门店的人、财、物等各项资源得到合理配置。

（3）门店的顾客关系管理（CRM）

顾客既是企业的服务对象，也是企业利润的提供者，顾客关系决定了门店的市场地位以及门店发展的前景；顾客满意度决定了门店的市场占有率和连锁品牌的市场号召力。总部通过信息技术的运用，对门店服务的顾客进行系统分析研究，建立以顾客为中心的业务流程和管理标准，培养以客户为中心的经营行为，以提高门店的盈利能力、利润及客户满意度。[112]

当然，门店市场服务力对总部资源配置力也具有反作用，主要表现为：

（1）门店数量和业态等影响总部规模

一般来说，门店数量越多，业态种类越多，跨区域越多，经营领域越广，总部规模也会相应变大，相应的其功能需要更加完善、更加强大，职能管理需要更精细化，对总部资源配置力要求也更高。

（2）门店的经营状况影响总部资源的配置

门店经营的好坏在一定程度上折射出了总部资源配置力的强弱，也影响着总部资源的重新配置。一般而言，如果门店运营得好，市场竞争力强，说明总部资源配置决策是正确的，总部根据门店反馈的售卖信息科学决策，并将强化该经验的累积，以指导类似工作；反之，如果门店运营得不好，处于亏损状态，总部可能会对其实施改造，或将其关闭；如果整个区域门店运营得都不好，销售和利润一直下滑，总部甚至会考虑退出该区域。总之，门店运营变化会导致总部资源的重新安排。

在实践中，根据专业化分工，总部将大量繁琐复杂的工作负担下来，形成标准化、专业化、流程化和规范化的管理，指导门店运营。故而，形成了连锁总部的"胖功能"和门店的"瘦功能"的分工局面。连锁总部的资源配置系统愈强，门店的运作和新店的拓展就越顺畅，连锁商业企业发展就越稳健；反之，若总部的资源配置能力弱，又一味盲目扩张，则必将会导致门店运营力低下，难以获取竞争优势。

2）总部资源配置力与物流系统配送力的关系

连锁商业企业总部集中采购、门店分散销售的经营模式，对物流配送系统提出了如下要求：一是建立敏捷响应机制，即物流配送系统能够对连锁门店的需求做出快捷的反应，提高物流效率；二是有效控制物流成本，即物流配送系统通过对进货、储存、搬运、加工、配送等各环节的成本管控，降低物流成本，提高企业效益；三是合理配置物流要素资源，实现资源效益最大化。连锁总部资源配置力决定并支撑物流系统配送力，其对物流系统配送力的决定作用和影响主要体现在以下三个方面：

（1）物流配送模式定位

连锁总部根据企业战略定位和物流资源状况，决定物流配送模式，即决定是自建物流配送中心，还是采取第三方物流配送或是供应商直接配送。如果自建物流配送中心，总部将对物流配送中心进行定位，包括配送中心的选址、规模、功能、组织机构、服务半径等。

（2）物流配送系统的作业流程

连锁总部根据企业战略规划和资源部署，对物流配送业务流程和管理标准进行指导、规范和管控，其目的是降低各作业环节的物流成本，提高配送效率和物流服务水平。

（3）门店的关系管理

连锁门店是物流配送系统的服务对象，为提高物流配送系统的配送效率和质量，总部通过增加物流信息技术等软硬件的投入，加强物流系统与门店关系管理，使物流系统及时了解门店的进、销、存等商品信息，提高门店的快速响应服务水平，为门店的运营提供物流支撑。

物流系统配送力对总部资源配置力也具有反作用，主要表现为以下两个方面：

（1）物流系统运营效果影响总部资源配置

物流系统运营效果好，总部将会强化该物流模式和体系；如果运营效果不佳，则会导致总部重新选择物流模式，调整物流业务流程等。这些都会影响总部对资金、人力等资源的配置和安排。

（2）传递物流信息，为总部科学决策提供依据

物流配送系统通过信息管理系统，及时将配送计划、库存情况、出货情况、成本等物流信息反馈给总部，促进总部科学制定和调整采购、营销等决策，提高资源配置的水平。

3）物流系统配送力与门店市场服务力的关系

物流系统配送力支撑门店市场服务力，其对门店市场服务力的影响，主要表现为以下两个方面：

（1）物流配送作业模式影响门店的运营成本和效率

物流配送作业模式主要有直流配送、存储配送和直送门店三种。直流配送虽然对需求预测、供应链管理等要求较高，但是因其减少了存储环节，提高了作业效率，从而使企业获得了时间、空间以及成本上的收益。存储配送是主要的物流作业模式，因其承担了存储功能以及经营风险等，所以降低了采购成本，但同时也增加了储运成本。直送门店能够缩短交货周期、提高配送效率、节约物流成本，但由于其没有中央库存，因此增加了供应商的运输成本（王国才、王希凤，2005）[113]。因此，连锁商业企业应结合自身资源状况和供应商情况等，选择合适的物流配送作业模式。

（2）物流技术及信息化水平对门店市场服务能力的影响

先进的物流技术和信息化水平是建立高效的物流配送体系的关键。其不但可以有效预测门店的需求，及时了解门店的进货、存货和销货情况，提高门店的进货、补货水平，而且通过对门店需求的快速响应，降低了门店的商品库存成本和售卖空间，提高了门店的销售服务能力。

门店市场服务力对物流系统配送力也具有反作用，主要表现为以下两个方面：

（1）门店运营管理水平影响着物流系统的配送成本和效率

如果连锁门店的进货、销货和存货等运营管理水平较高，其返配商品（退货商品）就较少，就会节约物流配送成本，提高物流配送效率。

（2）门店信息化水平影响着物流系统的配送质量和效率

连锁门店的进货信息、销售信息以及存货信息等及时、准确地传输给物流中心（系统），可以使物流中心（系统）及时调整库存结构和配送计划等，从而更好地满足门店需求，提高配送质量和效率。

综合上述可知，总部资源配置力、物流系统配送力和门店市场服务力的强弱以及三者整合水平的高低，直接决定了连锁商业企业竞争力的强弱。

2.3 理论分析框架的构建

在认知连锁商业企业竞争力的内涵及结构的基础上，本节对连锁商业企业竞争力提升的理论框架进行了研究预设，构建了连锁商业企业竞争力形成及提升的理论分析框架。

2.3.1 研究预设

连锁商业企业竞争力的形成及提升是一个复杂的、长期的过程，连锁商业企业的竞争优势源自于组织模式的创新和价值活动的成本及差异化，其本质是对组织资源进行整合，形成总部资源配置力、物流系统配送力和门店市场服务力的集成，并通过模式创新和复制支撑企业持续发展。基于对连锁商业企业竞争力的内涵及结构的解析，本书预设资源有效整合和模式创新及复制是连锁商业企业竞争力提升的基础性和决定性力量。

1）连锁商业企业竞争力的形成依赖资源的有效整合

资源是企业所控制的并能用以制定和实施战略以提高效率和效果的因素(Daft, 1983)[114]。能力的形成依赖于资源的储备及禀赋，资源为能力的形成提供保障。企业的现有资源是企业扩张的基础和诱因，企业拥有的资源状况是决定企业能力的基础，而企业能力则决定了企业成长的速度、方式和极限。连锁商业企业竞争能力是总部资源配置力、物流系统配送力和门店市场服务力三者的集成，竞争力的强弱反映了企业对组织资源整合的有效程度。据此，本书假设资源的有效整合是连锁商业企业获取竞争优势、形成企业竞争力的基础和源泉。

2）模式创新及复制力支撑连锁商业企业竞争力的提升

组织模式创新是连锁商业企业竞争力的精髓所在，连锁经营的本质就是模式创新及其复制力。连锁商业企业在信息技术的基础上，将复杂的商业活动分解为像工业生产流水线上的每个环节那样，通过采购、物流配送、商品销售、顾客服务等价值活动，对企业拥有的资源进行合理配置，按照工业化、标准化、专业化等原理进行样板店的模式创新和复制（欧阳文和，2006)[109]，以实现连锁商业企业的成长，提升连锁商业企业的竞争力。可见，成功的模式创新及复制，是连锁商业企业专用性资产向通用性资产转化的前提，也是连锁商业企业竞争力提升的关键。据此，本书假设创新出成功模式以及有效复制是支撑连锁商业企业竞争力提升的关键和决定性力量。

2.3.2　框架设计的理论基础

资源是连锁商业企业竞争力的基础，资源不会主动地转化为竞争力，只有通过总部资源配置力、物流系统配送力和门店市场服务力的集成，才能实现资源的有效整合和合理配置，发挥资源的价值和作用。本书主要从系统理论出发，运用价值链理论，以"结构（S）—行为（C）—绩效（P）"分析范式为研究主线，探究连锁商业企业竞争力的形成机理和提升路径。

1）系统理论

系统理论认为，系统是由若干互相作用的基本单元组成的，系统内部各子系统间通过非线性相互作用和协调，通过不断与外界环境进行物质、能量和熵的交换，并在外部环境的影响下，形成一种在功能、时间和空间上稳定有序的结构。结合连锁商业企业的发展实践可知，连锁商业系统主要由上游供应商、连锁商业企业、下游顾客以及竞争者等构成，连锁商业企业系统由总部子系统、物流配送子系统和门店子系统构成。连锁商业企业系统的运行，一方面受到来自系统外部的宏观环境因素（如经济、政策、社会等）和微观环境因素（如供应商、顾客、竞争者等）的影响和作用，与外部环境进行着物质和能力的交换；另一方面，又受到来自系统内部子系统之间的相互作用和影响。据此，连锁商业企业系统中的各子系统如何作用和协调，如何与外部环境进行物质、能力的交换等问题，均需要运用系统理论加以深入研究。

2）价值链理论

波特（1985）认为，考察特定产业中企业的竞争优势，需要将企业的价值活动进行分解，通过比竞争对手更廉价、有效地开展这些活动来赢得竞争优势，并将这些活动划分为基础活动和辅助活动，提出"企业价值链模型"。本书借鉴波特的价值链理论，结合连锁商业企业的运营实际，提出连锁商业企业价值活动可分为基本业务活动和支持活动。其中，基本业务活动包括商品采购、物流配送、商品销售、顾客服务；支持活动包括基础设施建设、人力资源、技术开发和店铺选址。总部资源配置力、物流系统配送力、门店市场服务力三者如何有效整合，如何在价值活动中为企业创造价值，如何提升企业竞争力等，均需要运用价值链理论进行深入探究。

3）SCP 的分析范式

SCP 范式认为市场结构决定了产业内的竞争状态，并决定了企业战略及市场行为，企业战略及市场行为又决定了企业的市场绩效；同时，市场行为也反作用于市场结构，影响和改变市场结构的状态和特征。因此要提高企业的市场绩效，就需要调整企业的战略及市场行为，进而影响市场结构的改变。据此，本书提出"市场结构分析—企业战略和价值活动行为调整—市场绩效提高"的企业竞争力提升演化路径。通过对连锁商业企业的外部环境分析和内部资源能力分析，重新确定企业战略定位理念（S）；在新的战略理念指导下，调整企业的市场行为和经营策略（C），如资源配置、物流配送以及门店服务等；同时通过对市场绩效（竞争力）评价体系（P）的设计，以做强企业为目标，找出并消除影响企业竞争力提升的瓶颈，促进资源配置的合理性和有效性，提高物流系统配送效率和门店效益。

2.3.3　理论分析框架设计

通过对上述理论基础的分析可知，连锁商业企业需要充分认知组织系统的构成以及内外部环境的特点，通过企业战略调整和价值活动行为的改进，构建"做强"的连锁商业企业竞争力测评指标体系，实现企业绩效的改善和竞争力的提升。因此，本书运用SCP逻辑分析模型，构建了全书的研究框架 (见图 2-8)。

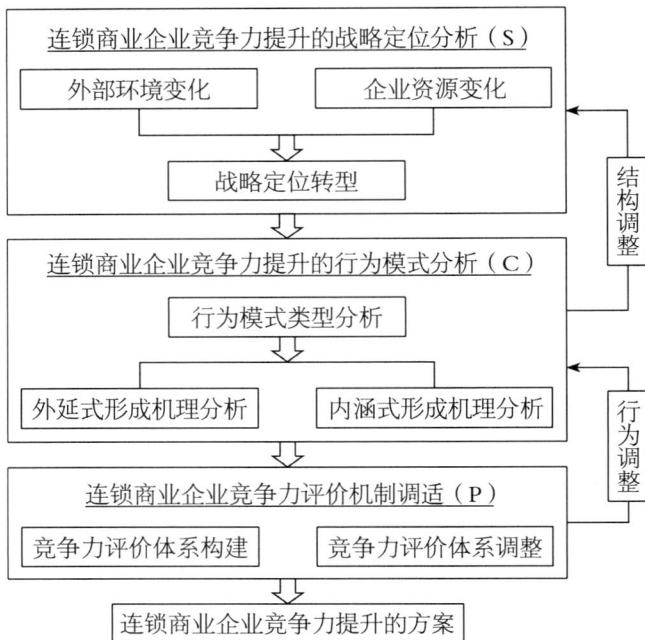

图 2-8　连锁商业企业竞争力提升的分析框架

1）连锁商业企业竞争力提升的战略定位分析（S）

产业环境影响着产业竞争规则的确立以及企业的战略定位及策略选择，市场结构特征决定了竞争作用力的强弱，进而决定了行业的利润水平。企业要想获取和维持长期的竞争优势和获利能力，首先要了解所处的产业环境，并结合企业内部资源条件，确定企业战略定位和思路。

（1）连锁商业企业外部环境分析

根据波特（1980）的观点，一个产业的竞争状态和竞争规则，主要由五种基本竞争作用力决定，即供应商、顾客、现有竞争者、潜在竞争者和替代品竞争者，这五种力量决定了某一产业中的企业获取超出资本成本的平均投资收益率的能力。本书主要从竞争者、供应商、顾客三个方面解析环境的变化，以判断连锁商业市场结构的类型和特点，进而为企业战略定位转型提供依据和支撑。

（2）连锁商业企业内部资源分析

资源是发展不可或缺的因素。结合商业媒介生产和消费的交换特质，以及商业企业自身的社会地位和作用，本书将连锁商业企业的主要资源分为资金、人力资源、信息技术和门店网点资源等，并探析连锁商业企业资源条件存在的主要问题及根本原因，从而为连锁商业企业战略定位转型提供依据。

（3）连锁商业企业战略定位转型

连锁商业企业应根据内外部环境的变化，在外部行业环境分析和内部组织资源分析的基础上，进一步明确制约连锁商业企业发展和竞争力提升的瓶颈问题，为解决瓶颈、适应环境变化、提升竞争力，连锁商业企业应进行战略定位的调整和改变。

2）连锁商业企业竞争力提升的行为模式分析（C）

行为模式是指行为主体在特定的环境下，运用一定的工具（包括技术、设备设施等），为实现特定目的，而形成的规约化、惯例化的行为方式和表现（Schank & Abelson，1977)[115]。连锁商业企业获取和保持竞争优势的有效途径主要有规模扩张和价值链重构，因此连锁商业企业的行为模式主要有基于规模效应的外延式扩张为主型和基于价值链重构的内涵式提升为主型两种行为模式。

（1）外延式行为模式

外延式行为模式主要是通过增加生产要素的投入数量，扩大经营规模，促进企业成长。该模式重点强调规模扩张，通过规模扩张取得规模经济效益，获取成本领先优势。钱德勒认为，企业规模均由效率因素决定，如果企业规模扩大不能提高效率，应停止扩张活动。也就是说，规模扩张必须与企业的经营管理能力相匹配，超越了企业的经营管理能力，企业将陷入"规模不经济"的境地。因此，做大并不意味着企业必然变强。如果没有与规模扩张相适应的资金、设备、技术、人才等资源条件，以及相匹配的管理组织、制度和经营能力，外延式发展将成为无源之水、无本之木。

（2）内涵式行为模式

内涵式行为模式主要是通过生产要素的质量提高和集约使用，提高企业生产效率，促进企业成长。该模式重点强调在整个市场价值链中找到自己的定位，通过对资源的有效配置，改进企业的价值活动行为，促使总部、物流配送、门店协同发展，建立企业真正的竞争优势，提升企业竞争力。

第一，总部资源配置。Michaelet al.（2001）[116]指出：资源整合是一个复杂的动态过程，是企业对不同来源、不同层次、不同结构、不同内容的资源进行选择、汲取、配置、激活和有机融合，使之更具较强的柔性、条理性、系统性和价值性，并对原有的资源体系进行重构，摒弃无价值的资源，以形成新的核心资源体系。连锁商业企业通过加强总部的商品采购、店铺选址、人力资源管理、技术开发等价值活动，以及强化总部的决策能力、管控能力和人力培育能力，不断提高总部资源配置能力，以充分发挥总部的经济效用，实现企业资源的有效整合。

第二，物流系统配送。物流配送是连锁商业企业生存和发展的基础条件，直接决定了连锁商业企业的运营成本，影响着企业的盈利能力。物流模式、配送作业模式、信息技术等对物流配送能力、可持续竞争优势及企业绩效有着重要的影响。因此，连锁商业企业应建立高效的物流配送系统，整合物流和 IT 资源，促进物流、IT 和零售商分销业务的一体化进程，提高零售商的运营效率，促进其获得更高的利润和竞争优势（Bourlakis，2006）[117]。

第三，门店市场服务。连锁门店是为顾客提供商品销售和服务的场所，门店市场服务力主要通过提供的商品和服务以及顾客价值创造来体现。提高门店市场服务水平，一方面，门店应在连锁总部的管控下，实行统一采购、统一配送、统一价格、统一营销策略等；另一方面，门店应立足本商圈顾客，准确定位，通过有效零售组合，提高门店市场服务力，形成区位竞争优势，扩大门店商圈的辐射范围，提升顾客价值。

3）连锁商业企业竞争力评价机制调适（P）

连锁商业企业自身拥有或可控制的资源差异，特别是总部资源配置力、门店市场服务力以及物流系统配送力的差异，直接导致了其企业竞争力的差异度，因此应以文献梳理方法为主，结合专家访谈等方式，从总部资源配置力、物流系统配送力和门店市场服务力三个一级指标入手，对构成连锁商业企业竞争力的基本因素进行梳理，遴选关键性因素，并以此构建"做强"的连锁商业企业竞争力测评指标体系，同时通过实证研究加以调适，以达到优化企业总部资源配置、提高物流系统配送效率和提高门店服务质量的目的。

2.4 本章小结

第一，界定了连锁商业企业竞争力的内涵。连锁商业企业竞争力是指在一定的市场环境中，与竞争对手相比，能够持续有效地满足顾客需求，获得比较竞争优势和自身发展的综合能力。其外显为品牌竞争力，内隐为门店市场服务力和物流系统配送力，尤其是总部资源配置力。

第二，构建了连锁商业企业竞争力的结构，提出连锁商业企业竞争力是由连锁总部资源配置力、物流系统配送力和门店市场服务力三种能力构成，其中总部资源配置力是核心能力、门店市场服务力是关键能力、物流系统配送力是基础能力。

第三，以 SCP 为分析范式，构建了战略定位、行为模式、竞争力评价机制调适的连锁商业企业竞争力提升路径的分析框架。

第3章 转型期连锁商业企业竞争力提升的战略定位

　　资源能力是企业竞争力的基础，企业竞争优势的获取和提升，是企业长期有意识地合理配置资源、培育特有能力的结果。因此，为提升企业竞争力，企业必须努力适应市场环境变化，通过科学的战略定位、恰当的配置，形成竞争对手在短期内难以模仿的竞争资源和能力。战略定位的本质就是企业在其生存发展环境约束条件下，探寻并确定企业生存发展的目标以及实现该目标的途径和策略。正确而独特的战略定位是企业获取竞争优势，保持和提升竞争力的关键因素。因此，企业要想获取和维持长期的竞争优势，提升竞争力，首先要了解自己所处的产业环境和竞争规则，做出正确的战略定位，使企业能够在产业中处于有利地位；其次，要准确洞悉产业环境变化，适时调整和改变战略定位。

　　"十二五"期间乃至今后相当长的一段时期，我国经济将进入以转型发展为重点的新的发展阶段，新时期、新使命要求连锁商业企业根据行业发展的趋势以及内外部环境的变化，科学确立战略定位目标，实施战略定位转型发展，提升企业竞争力，切实实现"做强"与"做大"的协同。因此，本章重点分析后金融危机时代连锁商业企业竞争力的特征，运用波特的"五力"模型和资源能力理论，深入探析内外部因素的变化对连锁商业企业竞争力提升的战略定位影响，设计连锁商业企业战略定位的框架体系。

3.1 转型期连锁商业企业的发展趋势

自加入 WTO 以来，连锁商业在我国流通领域的发展越来越快，市场竞争也日趋激烈，连锁商业的发展进入了行业转型期。受连锁商业发展变化的影响，连锁商业企业竞争力也呈现出一些新特点。本节通过对2009—2012 年连锁百强企业调研统计数据的分析，探析后金融危机时代我国连锁商业企业的发展态势和连锁商业企业竞争力的新特点。

3.1.1 连锁商业企业的发展态势

自 2008 年金融危机以来，受国内外经济环境变化的影响，我国连锁商业企业呈现出整体增速趋缓，而外资企业和网络零售企业发展加快等特点，这预示着我国连锁商业企业已经步入重要的转型发展期。

1）连锁商业企业整体增速趋缓

中国连锁经营协会发布的连锁百强企业调研数据显示，2009—2012年，连锁百强企业的销售规模分别为 1.36 万亿元、1.66 万亿元、1.65万亿元、1.87 万亿元（数据统计采用销售规模的口径）。按同口径相比（如图 3-1 所示），同比增幅分别为 13.5%、21.2% 、20%和 10.8%；门店增幅分别为 18.9%、9.8%、3.5%、8%。

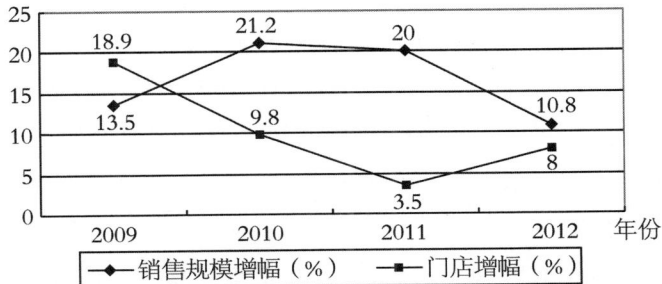

图 3-1　2009—2012 年连锁百强企业增速图

2）外资连锁商业企业增速明显

中国连锁经营协会发布的连锁百强调研数据显示，近年来，外资连锁企业的发展速度高于内资企业，且单店业绩也好于内资企业。如图3-2所示，2009—2012年，外资连锁商业企业销售规模增幅分别为20.4%、17.1%、28.7%、11.3%；门店增幅分别为15.7%、15%、25.3%、16.2%。总体来看，外资连锁商业企业的增幅高于连锁百强企业的总体增幅，且门店增幅与销售规模增幅基本保持同步。外资连锁商业企业的快速发展，加剧了业内的市场竞争，挤占了内资连锁商业企业的市场发展空间，进一步加大了内资连锁商业企业发展的压力。

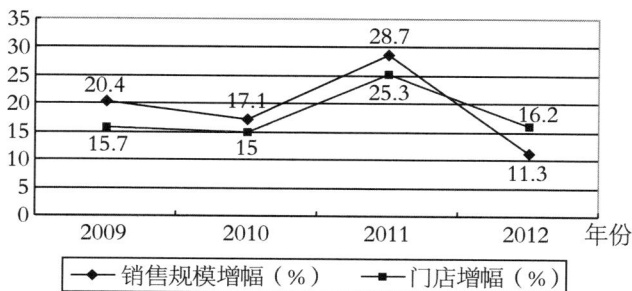

图3-2 2009—2012年主要外资连锁企业增速图

3）网络零售步伐加快

目前，随着网络购物被消费者广泛接受，网络购物零售市场的规模也迅速增长。中国电子商务研究中心发布的《2012年度中国网络零售市场数据监测报告》显示，2012年中国网络零售市场交易规模达13205亿元，同比增长64.7%，占社会消费品零售总额的6.3%。预计2015年中国网络零售额约为3万亿元，占社会消费品零售总额的9%。网络零售市场的快速发展，使得越来越多的实体连锁商业企业涉足网络零售。中国连锁经营协会的调研统计（统计周期为上年度6月底—本年度6月底）显示，2010年，连锁百强企业中有31家开展了网络零售业务，实现销售规模约30亿元；2011年，连锁百强企业中有52家开展了网络零售业务，实现销售规模约150亿元；2012年，连锁百强企业中有59家开展了网络零售业务，实现销售规模约300亿元，如图3-3所示。网络零售业务的发展，对连锁商业企业提出了新的挑战，即如何平衡线上与线下的关系，实现实体店与网店的协同发展。

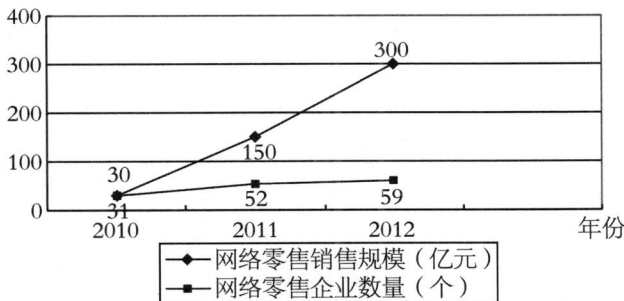

图 3-3　2010—2012 年开展网络零售业务的连锁百强企业的数量及实现规模

4）渠道下沉趋势明显

连锁商业属于典型的规模效应行业，规模扩张也是连锁商业企业获取竞争优势的重要手段之一。近年来，随着一线城市市场趋于饱和、投资成本增大、利润空间缩小，越来越多的连锁商业企业选择向二、三线城市，甚至是四线城市扩张发展。例如，2010 年，沃尔玛、家乐福、大润发 3 家企业，在三线城市新开店铺占比分别为 45.5%、12.9%、59.1%，2011 年则分别上升为 54.8%、48.3% 和 76.2%，其渠道下沉速度可见一斑。根据中国连锁经营协会的调研统计，2009 年，在连锁百强企业中的一线和二、三线城市，各选 10 家典型企业进行对比分析发现，一线城市企业的销售规模增幅和店铺增幅分别为 5.3% 和 7.2%；而二、三线城市企业的平均销售规模增幅和店铺增幅则分别为 19.3% 和 14.7%。2012 年，在连锁百强企业中的一、二线和三、四线城市，各选 10 家典型企业进行比较分析发现，一、二线城市企业的平均销售规模增幅和店铺增幅分别为 6% 和 2%，而三、四线城市企业的平均销售增幅和店铺增幅则分别为 18% 和 17%。可见，连锁商业企业渠道下沉，向三、四线城市发展的步伐加快。

3.1.2　连锁商业企业竞争力的新特点

后金融危机时代，经济环境的变化及连锁商业发展趋势的变化等，都促使连锁商业企业转型发展。在转型期，连锁商业企业竞争力除了具有品牌资源战略性、资源配置有效性和经营模式复制性等特征外，还呈现出以下两个新特点：

1）经营模式转变和创新

连锁商业企业的可持续增长和竞争力提升，其动力主要来自两个方面：一是外延扩张，即通过开拓新业态和新市场等，提升企业规模和市场份额；二是内涵增长，即通过优化价值链和供应链、精细化管理等，提升企业单店质量和市场份额。而企业内涵增长的动力主要来源于高效的经营模式。

目前，连锁商业企业的经营模式主要以费用导向型为主，即通过外延扩张引厂进店，依靠收取进场费、摊位费（或租金）、返点、渠道费等转嫁经营风险，来实现企业盈利。这种经营模式导致了连锁商业企业的采购功能、货品管理能力、客户服务能力等缺失和弱化，企业竞争力减退。因此，连锁商业企业需要从费用导向型的经营模式转向业绩导向型的自主经营模式，通过资源能力的有效配置和整合，创新经营管理方式，以获得持续发展的内生动力。

2）供应链资源的整合和优化

随着经济全球化和一体化的发展，市场竞争环境变得日益复杂，企业之间的竞争逐渐演变为供应链之间的竞争。连锁商业企业要实现可持续发展的竞争优势，需要整合其供应链资源，加强对供应链系统的管理，通过对整个链条上信息流、物流、资金流、业务流等的有效规划和控制，优化供应链，减少运营成本，提高运营效率，实现企业增值。

连锁商业企业供应链管理主要包括对商品采购、物流配送、门店运营和消费者数据等方面的管理。连锁商业企业通过信息系统，运用现代信息技术对终端 POS 数据进行分析和挖掘，及时掌握消费者需求变化，预测未来销售量，并通过与供应商的信息共享，在销售预测、产品研发、采购、订单管理、存货管理、物流配送、门店运营等方面协作和配合，以实现连锁商业企业、消费者和供应商之间的良性互动。例如，沃尔玛与其供应商通过供应链协同管理的 CPFR（Collaborative Planning，Forecasting and Replenishment，协同计划、预测与补货），有效地整合了供应链资源，缩短了商品从订货、进货、保管、补货、上架销售整个业务流程的时间，降低了零供双方的运营成本，极大地提高了双方的赢利能力和利润水平。

3.2　转型期连锁商业企业竞争力提升战略定位的影响因素

后金融危机时代，面对复杂多变的市场环境，连锁商业企业竞争力的提升涉及资源的有效整合和配置，而战略定位是资源整合和配置的核心，并决定了企业的竞争行为和方式，进而影响企业绩效和市场地位。本书认为，影响连锁商业企业竞争力提升战略定位的因素，主要是指后金融危机时代，影响连锁商业竞争力提升的内外部因素，包括外部环境因素和内部资源能力因素两个方面。其中，外部环境因素影响企业对未来发展方向的选择和判断；内部资源能力因素作为企业竞争力的内在基础，决定了企业竞争潜能。因此，有必要明晰影响连锁商业企业战略定位的内外部因素，以便企业能够抓住机遇，科学定位，正确制定企业竞争力提升的方案措施，提高企业竞争优势。

3.2.1　因素变化与战略定位

企业外部环境和内部资源能力不是一成不变的，政府政策、供应商能力、顾客需求、竞争对手行动等外生变量的变化和企业资金、人才、信息技术、运营管理能力等内生变量的变化都使企业原有战略的存活性受到影响，并驱动着企业进行战略定位调整和改变。因此，战略定位不是一种静态定位，而是适应环境的不断变化，有针对性地进行战略变革，其目的是使企业的内部条件与外部环境动态匹配，获得和保持企业的竞争优势。

内外部环境变化是影响企业战略定位转型的重要因素。如前所述，外部环境因素可以分为政策因素和市场因素。政策因素主要集中在政府规制；市场因素，根据波特的"五力"模型，可归结为供应商、竞争者和顾客三个方面。内部因素，根据资源能力理论，主要包括资金、人力、技术等资源和经营管理能力（如图3-4所示）。

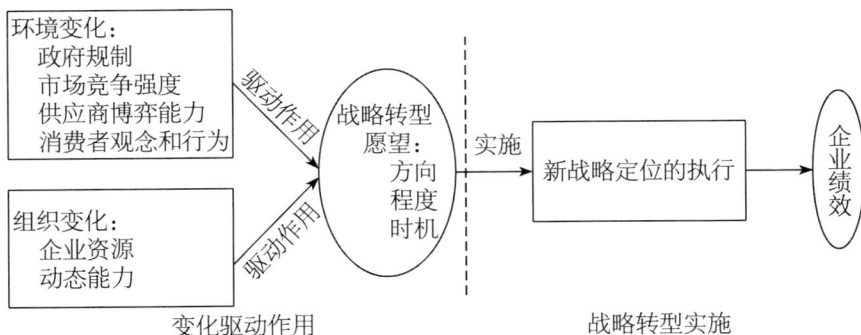

图 3-4 因素变化对战略定位的作用机理

1）环境变化驱动战略定位转型

企业只有保持与外部环境的动态适应，才能谋求生存与发展。当外部环境发生变化时，企业需要及时调整、改变战略定位。2008 年全球性金融危机爆发以来，中国经济增长放缓，消费需求疲软，连锁商业市场竞争也愈发激烈，零供矛盾加剧，同业之间恶性竞争以及产品安全质量等问题日益突出，为遏制恶性竞争、维护市场秩序，创建稳定、有序、公平、竞争性的市场环境，政府规制更加多样、全面和深化。政府规制和市场因素的变化驱动连锁商业企业重新思考并确定未来的战略发展方向和道路。

2）组织变化驱动战略定位转型

战略定位是企业将自身资源能力条件与外部环境相匹配，以促进企业成长。企业资源能力的变化必然促使企业进行战略定位调整和改变。2008 年全球性金融危机爆发以来，面对复杂多变的市场环境，越来越多的连锁商业企业深感企业内生资金、人力、技术、运营能力等竞争资源和能力严重不足，企业发展后劲不足。主要暴露出的问题有三个方面：一是一些连锁商业企业为抢占商圈资源，没有经过科学的选址调研，也没有认真考量企业的资源实力，一味盲目开店，出现了一边不断开设新店，另一边又被迫关闭旧店的现象，造成企业资源严重浪费。二是一些连锁商业企业急于扩张，缺乏对网点的科学规划布局，导致扎堆布局，恶性竞争不断；还有一些连锁商业企业在网点布局时，忽视了商品物流配送问题，造成企业配送成本高、配送不及时和配货效率低等。

三是有些连锁商业企业只重视门店数量扩张和形式的统一，忽视了门店内涵的建设。从表面看来，各个连锁分店实行统一的店名、标志等，但在统一采购、统一核算、统一管理等关系到连锁经营实质内容的方面与连锁门店运营的规范化、标准化要求相差较远，结果导致连锁总部对分店管理失控，从而影响了连锁体系的整体运行效率和效益。

内生资源和能力的不足，以及外部环境的变化，客观上要求连锁商业企业重新思考原有的发展战略，并审时度势实施战略转型，探寻新的经营模式和发展路径。

3.2.2 外部环境变化分析

对于企业而言，外部环境往往是难以掌控的，转型时期更是如此。因此战略定位必须充分考虑外部环境的变化，了解并掌握环境变化的特点和趋势，进而明确企业在市场中的位置和未来发展空间。根据波特的"五力"模型，企业可以通过对产业结构参数的分析，即通过对新进入竞争者、替代产品、供方力量、买方力量和现有企业之间竞争的分析，选择未来发展的领域和空间，获取竞争优势。结合后金融危机时代连锁商业环境变化的特点，本书认为影响连锁商业企业战略定位的环境因素主要包括政府规制、竞争者、供应商以及消费者四个方面，并重点探析了 2008 年金融危机以来，上述因素变化对企业战略定位的影响。

1）政府规制的变化

政府规制是企业之间的基本竞争规则，其任何变化都是企业竞争规则的变化（宝贡敏，2001）[118]，直接影响着企业战略定位和经营策略的调整和改变。政府规制一般分为经济规制和社会规制。其中，经济规制主要通过采取对价格和收费、市场进入和退出、数量和服务质量等的控制，实现资源高效率配置和市场公平竞争的目标。社会规制是以保护消费者安全、健康、卫生、环境等为目的，通过市场监管 (如对食品安全和卫生标准的规制)和社会管理(如对环境和生态保护的规制)[119]等，对企业提供的产品和服务的质量以及其他经营活动进行规制。

后金融危机时代，我国政府一方面为刺激消费，其保护性规制增多；另一方面为规范交易行为，维护公众利益，收费、预付卡等经济规制以及食品安全、节能环保等社会规制加强。

（1）保护性规制增多

保护性规制是相对于限制性规制（惩罚性规制）而言的，是政府规制机构通过采取具有积极性、建设性的措施对企业实施的规制行为。[120]扩大内需，刺激消费是我国经济发展的长期战略，也是应对全球金融危机、保持经济增长的重要举措。为拉动内需市场、刺激消费，促进经济增长，自2009年开始，我国政府相继推出包括"家电下乡"（全国推广）、《家电以旧换新实施办法（修订稿）》、"汽车摩托车下乡"、"汽车以旧换新"等刺激消费的政策，极大地促进了家电、汽车等产品的生产、销售以及相关制造业企业和商业企业的发展。2012年，为进一步刺激消费，商务部积极支持地方政府开展家具以旧换新试点工作，并在试点成功的基础上，考虑在全国推广。此外，《商务部关于开展2012年消费促进活动的通知》也鼓励地方政府、商务部门、全国性行业协会、大型流通企业举办大型促消费活动，以刺激消费、扩大内需，促进企业和经济的增长。

（2）收费、预付卡等经济规制加强

针对长期以来连锁商业企业向供应商乱收费的行为以及商业预付卡不规范等问题，政府出台相关政策和措施，加大监管力度。

①对收费的规制加强。近年来，一些大型连锁商业企业滥用市场权力，向供应商收取多种名目的费用，严重违背了公平交易原则，导致零供矛盾不断激化。为协调零供矛盾，促进公平交易，政府进一步加强对收费规制的监管力度。例如，在《零售商供应商公平交易管理办法》（2006）、《零售商促销行为管理办法》（2006）等规制的基础上，2011年12月19日，商务部、发改委、公安部、国家税务总局、国家工商总局五部门联合发布《清理整顿大型零售企业向供应商违规收费工作方案》，并开展了为期半年多（自2011年12月至2012年6月）的专项清理整顿工作。商务部公布的数据显示，截至2012年6月20日，76家被整顿企业中已有71家企业主动报告存在的问题，涉及金额1.77亿元；存在违规收费的企业有44家，涉及金额约5200万元；存在收取服务费不规范问题的企业33家，涉及金额约1.25亿元。违规企业已经

退还及将要退还的违规收费金额 6 000 余万元。[121]

②对预付卡的规制加强。商业预付卡是以预付和非金融主体发行为典型特征，按发卡人的不同可划分为两类：一类是专营发卡机构发行，可跨地区、跨行业、跨法人使用的多用途预付卡；另一类是商业企业发行，只在本企业或同一品牌连锁商业企业购买商品、服务的单用途预付卡。近年来，为适应现代信息技术发展和便利消费支付的需要，商业企业发行的单用途预付卡市场发展迅速。据不完全统计，2011 年我国单用途预付卡销售规模约 1.7 万亿元，结算金额约 1.3 万亿元。此外，商务部的调查显示，全国大多数地级以上城市的大型商场都发行过单用途预付卡，其销售额在一般零售企业的销售收入中占比达 10%～30%，在部分商贸企业中，单用途卡渗透率高达 50% 以上。[122]为规范预付卡的管理，防范金融风险，限制预收款的用途、发行规模，防止套现、滋生腐败等，政府加强了对商业预付卡的监管，相继出台了《关于规范商业预付卡管理的意见》（2011）、《单用途商业预付卡管理办法（试行）》（2012）、《支付机构预付卡业务管理办法》（2012）等，同时严格政府规制的执行力度。商务部公布的资料显示，截至 2013 年 2 月 6 日，全国 26 个省市的 1 162 家发卡企业已完成备案。其中，沃尔玛、家乐福、百盛、苏宁电器等一批知名企业均已备案。[123]今后，商务部及各级商务主管部门将加大对单用途预付卡发卡企业的备案管理、资金管理、监督管理等各项工作。

（3）食品安全、节能环保等社会规制加强

近年来，中国的食品安全、环境污染、能源短缺等问题日益严峻、令人担忧，并成为全社会关注的重点。政府通过加大社会规制力度，以保护消费者的健康安全，保护、改善环境，维护社会的公平和稳定。

①对食品安全的规制加强。近年来，中国食品安全事件频发，"瘦肉精"、"塑化剂"、"染色馒头"、"问题蜜饯"、"假鱼翅"等，严重损害了消费者的基本权益，扰乱了正常的社会经济秩序。加强对商品质量安全的监管，特别是对食品安全的监管成为各级政府的重要工作，有关法规制度相继出台，同时，各级政府也加大对食品生产企业以及流通企业的检查力度。例如，在《流通领域商品质量监测办法》（2005）、《农产

品质量安全法》（2006）、《关于加强食品等产品安全监督管理的特别规定》（2007）、《食品召回管理规定》（2007）的基础上，近年来又相继颁布了《中华人民共和国食品安全法实施条例》（2009）、《流通环节食品安全监督管理办法》（2009）、《复配食品添加剂通则》（2011）、《国家食品安全监管体系"十二五"规划》（2012）、《食品安全国家标准"十二五"规划》（2012）等政策规制。今后，我国政府将进一步加大对食品安全的监管力度，全面推进并完善食品安全监管体系，全面增强食品安全监管能力，切实保护广大消费者的基本权益，净化市场环境。

②对节能环保的规制加强。能源和环境是一个国家和社会经济发展、国家安全和国民健康生活的重要物质基础和保障。长期以来，中国经济增长是以牺牲资源和环境为代价的，能源短缺、环境污染成为当前亟待解决的重大而突出的问题。中国政府为解决能源、环境问题，应对全球金融危机，培育新的经济增长点，将促进新能源和节能环保产业的发展作为工作重点，自 2009 年以来，颁布实施了一系列政策法规并强化了规制的执行力度，如出台了《财政部国家发展改革委关于开展"节能产品惠民工程"的通知》（2009）、《高效节能产品推广财政补助资金管理暂行办法》（2009）、《财政部 国家税务总局关于促进节能服务产业发展增值税、营业税和企业所得税政策问题的通知》（2010）、《关于建立完整的先进的废旧商品回收体系的意见》(2011)、《节能产品认证管理办法（征求意见稿）》（2012）、《节能产品惠民工程推广信息监管实施方案》（2012）等。其中，节能产品惠民工程的实施，不但扩大了高效节能产品的市场份额，提高了用能产品的能源效率水平，而且强化了企业节能环保的社会责任，提高了企业环保节能的贡献度。《2012 中国零售业节能环保绿皮书》显示，自零售业开展节能环保工程以来，零售企业对环保节能的关注度越来越高，环保节能措施也更全面、深入。调查显示，44.0%的零售企业对物流中心采用了节能技术，63.7%的企业在总部办公区域采用节能设备技术，38.6%的企业通过提高本地采购商品的比例减少物流中的碳排放，94.4%的企业对现有门店实施节能技术改造，91.1%的新开门店采用了不同的节能技术。[124]2012 年出台的《国内贸易发展"十二五"规划》明确提出，"十二五"期间，国内贸易将重点

发展包括再生资源回收体系建设工程、汽车循环消费促进工程、零售业节能环保工程、肉菜酒类流通追溯体系建设工程在内的 18 项重点工程，以正确引导市场主体行为，规范市场秩序，促进国内贸易又好又快发展。

综合上述，政府规制的加强将进一步约束连锁商业企业的经营行为，促进企业向规范化经营管理、内涵质量提升方向转变。

2）市场竞争强度的变化

市场竞争的激烈程度，直接影响企业战略和策略的选择，事实证明，竞争激烈的市场，强加给企业一种被选择压力，企业必须对此积极地做出反应。企业只有适应市场竞争的要求和变化，及时调整经营战略和策略，才能生存并发展下去。现有企业之间竞争的激烈程度，可通过市场集中度加以衡量。借鉴陈阿兴、陈捷（2004），赵凯（2007），夏春玉、汪旭晖（2008）等具体考量不同区域、不同业态的市场集中度的研究思路，考虑到入世 3 年保护期后，区域市场独立性较强的特点已不明显，本书仅从业态的角度，运用贝恩分类法，对连锁商业市场集中度进行测度分析。鉴于目前我国还没有建立起分业态的统计指标体系，很多统计年鉴和数据库对于零售业态的数据统计口径差异很大，因此，本书以中国连锁经营协会每年发布的"连锁百强"、中国统计局网站的《中国统计年鉴》和连锁零售业商业企业专题数据库中数据为分析依据，对 2005 年以来的连锁百货、超市、专业店等数据可得性强的业态的市场集中度进行分析。

（1）连锁百货业态的市场集中度

以连锁百货业态中前 4 家最大连锁企业的销售额占整个百货业态销售总额（限额以上百货企业销售总额）的比重，得出 CR4，计算结果见表 3-1。

表 3-1　　　　　　　　连锁百货业态的市场集中度

年份	2005	2006	2007	2008	2009	2010	2011
CR4（%）	52.28	50.48	56.68	64.44	58.08	57.80	68.57

（2）连锁超市业态的市场集中度

以连锁超市业态中前 4 家最大连锁企业的销售额占整个超市业态销

售总额（限额以上超市企业销售总额）的比重，得出 CR4，计算结果
见表 3-2。

表 3-2　　　　　　　连锁超市业态的市场集中度

年份	2005	2006	2007	2008	2009	2010	2011
CR4（%）	40.62	40.32	42.29	43.77	42.33	41.12	55.54

（3）连锁专业店业态的市场集中度

以连锁专业店业态中前 4 家最大连锁企业的销售额占整个专业店业
态销售总额（限额以上专业店企业销售总额）的比重，得出 CR4，计
算结果见表 3-3。

表 3-3　　　　　　　连锁专业店业态的市场集中度

年份	2005	2006	2007	2008	2009	2010	2011
CR4（%）	15.33	19.84	21.23	20.12	19.84	20.79	37.90

注：表 3-1 至表 3-3 中的数据是作者根据中国连锁经营协会发布的百强数
据、中国统计年鉴数据库的相关数据计算得出。

基于上述分析，可以看出我国连锁商业企业的市场集中度不断加
强，百货业态和超市业态的中度寡占型特点十分明显。尽管计算结果表
明专业店业态的市场集中度较低，但是应当看到，由于专业店业态的分
类统计中市场细分不够，专业店涉及的范围又十分广泛（如家电专业
店、办公用品专业店、玩具专业店、药品专业店、服饰专业店等），因
此该计算结果在一定程度上并不能完全反映具体细分市场的集中度；就
某一细分市场，如家电专业店而言，苏宁电器、国美电器、百思买（五
星电器）、宏图三胞成为家电专业店中名副其实的四大巨头，2008—
2010 年，这 4 家企业的销售额占连锁百强企业销售总额的比重分别为
20.66%、19.52%、21.58%，占比达 1/5。这表明家电专业店的市场集中
度较高。

可以预见，随着业内竞争的进一步加剧，市场集中度将会进一步
提高。

3）供应商博弈能力的变化

长期以来，一些连锁商业企业利用销售终端的优势地位，通过收取

通道费、拖欠货款等手段，占用供应商资金，谋求自身发展，导致零供矛盾日趋激化，冲突不断。但是在后金融危机时代，随着政府对通道费监管力度的加强、供应商自建渠道的实施等，供应商与零售商的博弈能力也逐渐增强。

（1）对违规收取通道费的监管力度加强

为规范通道费的收取，缓解零供矛盾，促进公平交易，2006 年，商务部、国家发展和改革委员会、公安部、国家税务总局、国家工商行政管理总局等部门联合发布了《零售商　供应商公平交易管理办法》和《零售商促销行为管理办法》。然而上述政府规制的实施并没有取得预期效果，零售商违规收费现象依然存在。为此，2011 年 12 月 26 日，商务部、发展改革委等五部门又联合印发了《清理整顿大型零售企业向供应商违规收费工作方案》，决定从 2011 年 12 月至 2012 年 6 月，五部门在全国集中开展清理整顿大型零售企业利用市场优势地位向供应商违规收费工作。清理整顿的内容主要包括规范促销服务费、禁止各种违规收费和向供应商收费均应按规定明码标价。政府对通道费的专项清理整顿工作，进一步规范了零售企业的收费行为，促进了供应商与零售商之间的公平交易，同时也降低了供应商的经营成本，在一定程度上提高了供应商的竞争地位和能力。

（2）供应商终端控制能力增强

近年来，大型连锁商业企业利用其市场优势地位滥用纵向约束权力，导致供应商的获利空间越来越小，生存压力越来越大。为降低渠道成本，一些有实力的大型供应商开始自建渠道，实施产销链一体化战略，以提升终端市场的控制能力。例如，在市场集中度相对较高的家电制造产业，像格力、美的、海尔、长虹、TCL 等大型家电制造商，为摆脱对苏宁、国美等家电零售商的渠道依赖，加强自身对供应链终端的控制能力，近年来纷纷自建渠道。截至 2010 年年底，格力电器已建立了超过 10 000 家专卖店，遍布全国乡镇；美的电器专卖店总数也超过 10 000 家。根据美的的战略规划，到 2015 年，美的的小家电专卖店数量将达到 15 000 家，销售网店将达到 10 万家。海尔电器后来居上，截至 2010 年年底，海尔日日顺的全国渠道网络共有 3.7 万多家，其中县级分销网络 7 000 多家，乡镇级网点 3 万家，并建立了 13 万个村级服务联系站，县级覆盖率达 90％以上，镇级覆盖率达 65％以上。[125]目前，海尔日日顺已经形成了日日顺电器、日日顺 E 家及日日顺乐家三个业务板块，实现了"线上＋线下"并举，"制造商＋渠道商"一体化的发展战略目标，成为仅次于苏宁、国美的第三大电器连锁店。

（3）供应商加强电子商务建设

随着互联网的发展和人们对网购认识的加深，网上购物被越来越多的人所接受。iResearch（艾瑞咨询）发布的 2011 年中国网络购物年度数据显示，2011 年中国网络购物市场交易规模达 7 735.6 亿元，较 2010 年增长 67.8％，占社会消费品零售总额的 4.3％；同时，网络购物用户规模达到 1.87 亿人，在宽带网民中的渗透率为 41.6％。[126]正是基于互联网技术的发展和网购用户规模的不断增大，越来越多的制造商看到了电子商务渠道的商机，通过网上直销模式，整合渠道资源，扩大市场领域和空间。例如，海尔集团早在 2000 年就成立了海尔电子商务公司，目前海尔网上商城销售的产品涵盖冰箱、洗衣机、热水器、空调、冰柜、电视、吸油烟机、音响、燃气灶、洗碗机、消毒柜、手机数码等商品，风格类似京东商城、淘宝商城的电器频道。TCL、格兰仕、中粮集团等也纷纷成立网上直销商城，开辟 B2C 网上直销渠道，促进渠道多样化。供应商开展电子商务业务，也是其前向一体化战略的实施，不但提高了供应商的渠道竞争力，也对连锁商业企业构成了新威胁，加剧了线上、线下商品流通领域的市场竞争。

可见，供应商博弈能力的加强，驱动连锁商业企业调整其原有的经营模式，探寻与供应商双赢发展的合作模式。

4）消费者观念和行为的变化

近年来，经济的全球化和技术的进步等，促使消费者的购物观念和购物行为发生了很大变化，这些变化驱动着连锁商业企业的战略定位转型。

（1）消费观念的变化

消费观念(Consumption Concept)是人们对待其可支配收入的指导思想和态度，以及对商品价值追求的取向（黄贞，2008）[127]。消费观念决定了消费行为。

随着我国经济的发展，人们收入水平的提高，全球一体化进程的加快，人们的消费观念发生了很大的变化。最大的变化就是消费安全观念的全面形成，且不断加强。随着人们认知水平的提高、安全知识的普及，绿色消费、环保消费、健康消费成为主流消费观念。对于食品消费，人们越来越关注食品的安全性，在购买时，会仔细检查食品的标签。一旦发现存在食品安全方面的问题，企业将会遭到致命的打击，甚至会波及整个行业。对于生活用品，人们关注其是否环保、安全等；对于家装材料、家具等产品，人们关注其是否环保、安全、耐用等；对于家电、汽车等产品，人们关注其是否安全、环保、节能等。人们在购物过程中会变得越来越谨慎，对于商家的信誉度也会越来越看重。因此，企业必须提升经营管理能力和水平，维护和提升企业品牌。

（2）消费行为的变化

近年来，随着消费观念的变化和收入水平的提高，人们在商品（服务）需求以及消费行为方面，发生了很大的变化：由生存需求转向享受、发展需求，非必需品以及家居用品的支出比重逐渐上升；高收入人群追求高品质、奢华的生活，对高端商品的需求增强；年轻消费者追求更舒适、更精致的生活，对商品的个性化、服务体验的需求日益提高；超前消费观念被人们普遍接受，信贷消费由购房、购车等向更广的消费领域发展；随着媒体和科技的发展，消费者能够轻松、快捷地掌握大量的商品销售信息，网络购物逐渐被人们所接受，并成为消费者购物的新趋势等。消费行为的变化驱动连锁商业企业注重市场细分、业态创新以及门店的精细化运营，从而提高市场服务能力。

总体来看，后金融危机时代，政府规制的加强、竞争压力的加剧、供应商博弈能力的增强以及消费者观念和行为的变化等，都驱动连锁商业企业思考战略定位转型以及经营策略的调整和改变。

3.2.3 内部资源能力分析

由连锁商业企业竞争力的形成机理可知，资源能力因素是企业竞争力与竞争优势的来源和基础，是形成企业竞争优势和提升企业竞争力的不可或缺的内生力量和组成元素。连锁商业企业竞争力的提升，涉及企业根据外部产业环境的机会和条件，有意识地对各类竞争资源能力因素进行配置。为此，有必要明晰连锁商业企业拥有的资源能力因素对企业竞争力提升战略定位的影响，以便企业能够利用外部环境变化中的机遇，明确挑战，根据自身的资源能力条件，制定正确的发展战略和竞争力提升方案，提升企业的市场地位和竞争力。

1）资源因素

企业作为一个特定资源的集合体，通过特有的、有价值的、难以模仿的资源积累构筑了企业的竞争资源优势，阻碍或降低了其他企业竞争的竞争。拥有一定的财力资源、人力资源、信息资源和物质资源是企业竞争力发挥的前提和基础[128]，财力、人力、信息、网点等资源的拥有和累积，是影响连锁商业企业竞争优势和竞争力提升的基础性因素，上述资源因素的变化直接决定了连锁商业企业竞争力提升的战略定位、行为模式以及具体工作方案的拟制和实现。

（1）财力资源

财力资源是指企业拥有的资金以及在资金筹措、使用过程中形成的专用性资产。资金是企业发展的"血液"，连锁商业企业发展需要强劲的资金支持，如何筹集资金、强化资金运营管理、提高运转效率，是连锁商业企业财务管理的核心问题。企业的资金来源一方面依靠内部自身累积，另一方面从外部筹集。如果外部融资渠道较少，那么企业自身积累资金就非常重要，如果企业内生资金不足，则将严重制约企业的发展。资金的使用则反映了企业建设的重点和发展方向，如果资金使用不合理，也将减少内生积累的资金，进一步加剧资金的短缺，影响企业的发展。

中国连锁经营协会和普华永道会计师事务所发布的《2009年中国零售企业资金链风险研究报告》显示，中国零售连锁商业企业（上市零售公司）的资金来源主要有利润盈余、运营负债、银行借款和股权融资。其中，由于银行借款和股权融资受政策影响较大，因此对于众多的中小型连锁商业企业而言，长期借款和股权融资的难度都很大，而依靠供应商通路费支持的利润盈余和占用供应商应付款的运营负债成为连锁商业企业发展资金的主要来源。

连锁商业企业的利润盈余主要包括经营性利润和非经营性业务（如证券、房产投资）利润。其中，经营性利润主要包括进销差价、销售返利和通路费用收入。[129] 通路费用主要包括进店费、购货折扣、促销费、节庆费、新店赞助费、仓储费、物流费等。我国零售上市公司的数据显示，大部分大型零售商若扣除通道费收入，其经营将处于微利或亏损状态。[130]

连锁商业企业的运营负债主要包括应付账款和预收账款。其中，应付账款主要包括供应商应付款（向商品供应商采购而未结算的未付款项）、商户应付款（向入驻卖场商户统一收银而未结算的未付款项）。预收账款主要是指向消费者发行消费储值卡预收的资金。供应商应付款是连锁商业企业主要的资金来源，平均占资金总来源的1/4[131]，并且随着企业规模扩张和销售增长，来自供应商应付账款的资金也相应增长。

可见，长期以来，连锁商业企业的内生资金严重不足，占用供应商的资金成为连锁商业企业发展的最大资金来源，这也是长期以来零供矛盾的根源所在。2008年金融危机以来，连锁商业企业内生资金不足问题更加突出，因此，如何有效筹集资金、合理使用资金、提高资金的利用效率，成为连锁商业企业能否提升竞争力的重要财力保障。

（2）人力资源

人力资源是企业最重要的生产要素，连锁商业相对来说是一个劳动密集型的行业，企业发展不但需要大量的人员，更需要高素质人才。根据中国连锁经营管理师网的调研统计，2008年全国连锁行业的管理性人才缺口至少为60万[132]，而随着连锁企业的发展，连锁经营管理人才的需求呈明显上升态势，人才需求缺口将进一步拉大。近年来，人员流失率居高不下，一直困扰着企业。中国连锁经营协会发布的《2008年中国连锁业人力资源发展报告》[133] 显示，企业中层管理人员的流失率为5.4%，有的企业流失率高达30%，流失率较高的职位是店长、采购经理、物流和店面管理等管理人才。基层管理人员的流失率为18.65%，其中有7家企业的流失率超过50%，最高的甚至为200%。可见，专业人才的缺乏以及较高的员工流失率等问题是影响和制约企业发展的瓶颈问题。

而近年来，人力成本不断上升又成为连锁商业企业发展面临的重要挑战。2012 年我国连锁零售行业业务规模总量同比减少 1.72%，人工费用上涨 26%，租金成本上升 10%[134]，这种趋势随着中国人口红利的消失还会持续。连锁商业企业低成本的时代已经过去，企业必须重视并加强人员质量的提升，积极培育人才，充分调动员工的积极性，发挥人的潜能。

（3）信息资源

21 世纪是信息技术的时代，信息技术的进步极大地促进了中国连锁商业企业的发展。信息技术在连锁商业的采购、门店销售、物流配送、自有品牌开发等各个领域发挥着重要作用。由于连锁商业企业的总部、配送中心和门店的地理位置分散，而相互之间又需要进行深入的信息共享和交换，因此，信息化水平的高低直接影响着企业运营管理的效率，影响着企业决策的质量。

目前，连锁商业企业的信息技术和信息化水平还相对落后。CCW Research（计世资讯）的研究数据显示[135]，2009 年，我国只有 70% 以上的连锁企业建立了系统开发的前台 POS 销售时点系统和后台 MIS/ERP 管理系统，只有 30% 左右的企业进入了商业自动化技术、现代通信技术和网络信息化技术相结合的数字化管理系统集成的阶段。而有些企业尽管购置了较昂贵的软、硬件技术设备设施，但由于没有按照信息化管理的要求进行业务流程、管理流程的设计和整合，加之相关专业人才匮乏，原有管理基础薄弱，造成信息系统难以运行或运行质量不理想，浪费了投资。故而，连锁商业企业竞争力的提升，不仅要重视信息化设备设施的建设，更要加强信息化管理水平的提高。

（4）网点资源

门店网点资源是连锁商业企业的重要销售平台。门店的网点数量和经营面积直接反映了企业的规模竞争力。连锁门店网点资源主要包括门店单体资源和门店网络化资源两个方面。门店单体资源主要是指单体店所处的商圈位置、营业面积以及商圈辐射范围；门店网络化资源主要是指连锁门店的网点数量、营业总面积等。

但是，"开店"不等同于"开好店"，也就是说，开店不等于能实现门店资源效应。门店资源要发挥效应，既要科学分析商圈资源，合理选址，更要对门店进行科学定位，有效运营，这样才能促进规模优势的形成。

可见，影响连锁商业企业竞争力的不仅仅是拥有网点资源的数量，更重要的是网点资源的质量，即网点资源效用的发挥给连锁商业企业带来的内生增长。

2）能力因素

连锁商业企业要获得和保持竞争优势，一方面要不断积累和扩大企业资源集合；另一方面，要培育自身的能力，特别是动态能力。这种动态能力是指组织整合、建立、重组内外部竞争力，应对环境快速变化的能力(Teece,1997)[136]。动态能力包括整合资源的动态能力(如产品开发惯例、战略决策形成惯例)、重新配置资源的动态能力(如经理们用来复制、转变和重新组合资源的复制、转让惯例)以及与获取和让渡资源有关的动态能力(如知识创新惯例、从外部获取知识的惯例)（Eisenhardt、Martin，2000）[137]。企业战略选择、转型过程具有很强的路径依赖性，因此，企业动态能力的强弱直接影响着战略定位的科学性和有效实施。连锁商业企业的动态能力表现为企业能否敏锐地发现经营管理中的机会和威胁，适时进行战略转型（方向和目标），合理配置资源，以适应外部环境的快速变化。

由连锁商业企业竞争力结构模块可知，连锁商业企业动态能力主要包括总部动态资源配置能力、物流系统动态配送能力和门店动态市场服务能力。

（1）总部动态资源配置能力

总部动态资源配置能力主要是指总部战略决策的形成和调整、要素资源的获取和重新整合、流程的管理和复制以及管理创新等能力。

企业发展战略关乎企业经营理念、方针、业务领域、资源配置、权力分配、组织架构等一系列重大问题，是影响企业发展的重大决策。连锁商业企业能否根据环境的变化，有效地整合资源，正确制定企业的发展目标，是总部动态资源配置能力的重要体现。

连锁商业企业资源能否转化为竞争力，主要取决于总部动态资源配置能力。总部动态资源配置能力主要体现在三个方面：一是资源要素的获取和整合，包括资金、人力、信息、网点等资源的获取，以及使用、配置这些资源；二是通过流程的管理，提高资源的利用效率，包括流程的标准化、可操作性、高效化等；三是总部对门店系统和物流系统的控制，包括总部对门店和物流系统的管理模式、管控程度等。

连锁总部资源获取能力、门店选址的科学性、网点布局的合理性、物流配送的及时性、门店商圈顾客的满意度等，都影响着对现有战略目标和定位的评价。如果总部动态资源配置能力比较强，说明现有战略决策科学、合理；反之，则要进行战略定位调整和改变，以增强经营管理能力，提升企业竞争力。

（2）物流系统动态配送能力

物流系统动态配送能力主要是指物流资源的获取和整合、物流配送流程的明确和调整、物流成本的控制以及快速门店响应等能力。

连锁商业企业的物流资源主要是指物流系统的基础设施，包括物流配送中心的数量、仓库的面积和仓储量、运输工具的数量，以及物流仓储、分拣、配送等软件系统的运用等。物流资源的获取和整合主要是指企业通过资金投入，获取可自行使用和支配的物流资源，并通过合理规划，整合物流资源，提高物流资源的利用效率，避免因重复建设、不当建设而造成投资的浪费。

物流成本控制是物流系统动态配送能力的重要体现。连锁商业企业通过加强对物流价值活动成本的管理和控制，降低物流系统运营成本，提高物流配送效率。物流成本控制主要包括仓储成本控制和配送成本控制。其中，仓储成本主要从仓储设备投入和存货周转等方面加以控制；配送成本主要从优化配送作业、配送路线、提高配送效率方面加以控制。

物流系统对门店需求的响应，反映了物流系统的服务能力。物流系统的服务能力是指物流系统对连锁门店需求的响应速度和需求的满足程度，主要包括物流系统的交货能力和快速响应能力。物流系统的交货能力是指物流系统对门店订单的处理速度、交货速度和交货质量。交货能力强，意味着物流商品周转快，占有企业资金少，从而能够降低物流成本。物流系统的快速响应能力是指物流系统对门店需求变化的快速反应能力、节假日的物流调整能力和对门店投诉的快速处理能力等。

可见，物流系统的服务能力和成本控制状况反映了企业对物流系统的战略定位、管理模式、管理流程、管理方法的有效程度。

（3）门店动态市场服务能力

门店动态市场服务能力主要是指门店网点发展潜力、门店运营管理流程的明确和调整以及门店快速市场响应等能力。该能力反映了企业战略定位的正确性、门店管理惯例形成和复制的效果，以及经营政策、运行效率和管理水平等，是连锁商业企业竞争优势与竞争力的外显能力。

门店网点发展潜力主要是指连锁商业企业门店扩张的能力，即门店市场发展能力，主要包括网点的数量、销售能力和商圈辐射能力。门店运营管理流程的明确和调整办理，门店快速市场响应能力等则反映了门店的市场运营管理能力。

连锁商业企业门店动态市场服务能力的高低主要体现在以下四个方面：一是销售网络体系。连锁商业企业通过开发门店，建立起拥有一定网点数量和规模的网络体系，从而扩大市场覆盖率和占有率，形成规模经营的优势。二是连锁资源的共享。连锁商业企业能否通过门店网络化体系的建立，实现连锁门店在市场、技术、信息、人才、管理等方面的资源共享，充分发挥门店资源效应，提高门店市场竞争力。三是统一化、标准化管理。连锁商业企业通过实施高效、标准化的流程管理，提高门店运营效率，促进门店的规范化运营和管理。四是门店的快速市场响应。连锁门店根据所在商圈的消费特点，通过对零售要素的有效组合，提高门店的品类服务能力、交付服务能力等软服务能力，从而形成区位优势，扩大门店商圈的辐射范围。

综上可知，当前连锁商业企业面临着前所未有的压力和挑战，连锁商业企业竞争力提升的战略定位需要充分考虑企业的外部环境和内部资源能力，使企业的外部环境与内部条件相匹配，这对企业的成功极为重要。[138]

3.3　转型期连锁商业企业竞争力提升的战略确定

竞争资源和能力不是企业通过外部市场交易就能够获得的，它需要企业在发展中有意识地逐步建立起来。连锁商业企业要获取竞争优势，并不断提升企业的竞争力，就必须培育、开发竞争资源和能力。而企业积极、主动思考未来的发展目标和方向，并选择关键性的资源和能力加以培育、开发和管理，即企业这种长远的战略定位及实施行为，是企业获取和保持竞争优势的关键。

3.3.1　企业竞争力提升的战略目标

思路决定出路，目标决定行动。战略目标是关乎连锁商业企业未来经营方向、经营管理模式、资源配置方式等重大的整体性的调整和改变。企业的竞争资源和能力是通过战略目标和战略管理过程转化为竞争优势和竞争力的，拥有同样或类似竞争资源与能力要素的企业，不同的战略目标和战略管理过程，其资源与能力发挥的程度和效果不尽相同，从而导致企业竞争力有着较大的差别。因此，只有正确制定企业战略目标，明确企业战略发展方向，才能更有效地组织、培育、更新企业的竞争资源能力要素，获取并保持竞争优势，提升企业竞争力。

后金融危机时代，连锁商业企业所处的产业环境发展的巨大变化，以及政府规制加强、消费需求疲软、市场竞争加剧等，使得本土连锁商业企业面临巨大的压力和挑战。

由于长期以来以外延扩张为主的发展战略，加剧了企业内生资源与能力的不足，与外资连锁企业相比，本土连锁商业企业原有的规模优势、在位优势等逐渐降低或消失。因此，转型期连锁商业企业应确立增强内生力的战略目标，通过走内涵式发展道路，不断培育、开发竞争资源和能力，缩小与外资企业的差距，提高企业竞争力，促进企业健康、可持续发展。

为实现以"内生增长"为主的战略目标，连锁商业企业需要从发展战略、管理模式、盈利模式、价值链增值模式四个方面进行彻底转变

（如图 3-5 所示）。

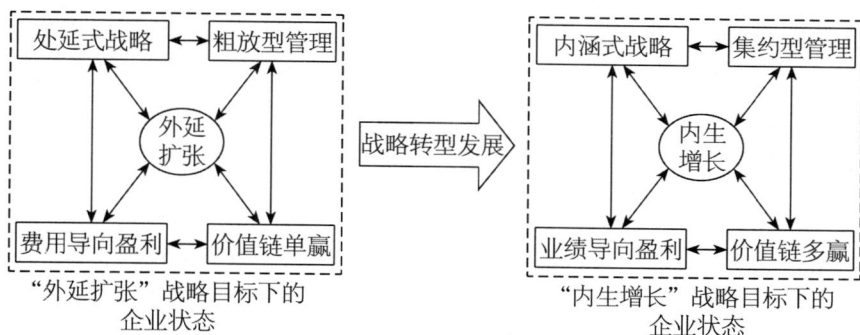

图 3-5　连锁商业企业战略目标转型思路

1）发展战略由外延式向内涵式转变

长期以来，连锁商业企业以外延扩张为发展动力，通过规模扩张、增加门店数量提高销售业绩，以此增强其竞争力，但是事实并非如此。前述表明，外延式发展战略虽然能够使企业变大，但是并没有使企业必然变强；相反，由于忽视了内涵质量建设，很多企业内生力明显不足，难以应对外部环境的变化。同时，随着门店数量的增多，经营区域和经营领域的扩大，企业在门店管控、物流配送、成本控制、流程管理、人才集聚、售货服务、品牌管理等方面显得捉襟见肘，力不从心。有些企业为追求规模扩张，一味贪大，与竞争对手展开速度战，不惜一切代价"跑马圈地"、开设网点，结果使企业陷入开店越多亏损越多的境地，造成企业资源的严重浪费，竞争力不升反降。故而，向内涵式发展战略转变成为企业可持续发展的唯一途径。内涵式发展战略要求企业重视质量建设，合理配置资源，特别是加大对人才、技术、品牌、管理等的投入力度，增强企业的创新能力，提高管理效率，促进企业健康、稳定、可持续发展。

2）管理模式由粗放型向集约型转变

资源能力理论认为，企业内部资源和能力是企业获得超额利润和保持竞争优势的关键。战略定位的核心就是通过有效地占有积累资源，合理配置资源，获得和保持自身独特的资源和能力，促进企业成长。而在外延式发展战略下，连锁商业企业的经营管理是粗放型的，忽视资源能力建设，因此其内生力不足，经营管理漏洞比较多，管理效率不高。例如，追求规模扩张的速度，门店选址能力不强，导致门店选址的盲目性和网点布局的不合理；追求开店速度，门店运营管理能力不高，一些新店的各项准备工作没到位就开店迎客，导致开店后门庭冷落，效益低下；重视硬件设备投入，忽视人员质量提升，导致企业高价购买的技术设备、信息系统等无法正常使用或束之高阁；业务流程设计不科学、不合理，导致企业运行效率不高；重视经验管理，忽视科学管理、规范化和标准化管理，导致企业决策能力和执行力较弱等。因此，连锁商业企业应转向集约型管理，重视要素质量的提升和动态能力的培养，由粗放型管理向集约型管理转变是企业积累资源、培育能力、提升竞争力的有效途径。

3）盈利模式由费用导向型向业绩导向型转变

连锁商业企业的盈利模式主要有两种，即费用导向的后台盈利模式和经营业绩导向的盈利模式。长期以来，连锁商业企业的外延式发展模式主要依靠费用导向的后台盈利模式支撑，但是这种盈利模式存在着巨大的风险：第一，随着政府监管力度的加强，市场行为和秩序的进一步规范，此种模式会受到越来越多的限制，企业利润会减少甚至会出现负增长，企业发展乏力。第二，在此种盈利模式下，连锁商业企业自身的经营能力和竞争能力都开始弱化，失去零售的基本功能和渠道价值，成为渠道本身的"寄生虫"。第三，随着零供矛盾的升级，供应商自建渠道，连锁商业企业面临供应链断裂的风险。一旦供应链断裂，企业就会像多米诺骨牌效应一样垮掉。因此，连锁商业企业应坚决摒弃成为渠道的"寄生虫"，由费用导向型向经营业绩导向型转变[142]，实现自主经营，不断提高商品周转率、服务质量和销售毛利率，从根本上提升企业竞争力和抗风险能力。

4）价值链增值模式由"单赢"向"多赢"转变

连锁商业价值系统由供应商、连锁商业企业和顾客组成，它们之间相互依存、相互作用，共同参与并完成了产品和服务的价值创造过程，构成了一条完整的连锁经营价值链条。其中，供应商提供的产品及其效用，为连锁商业企业创造新的附加价值提供了实物载体；而顾客的购买，使商品及服务的价值最终得以实现。连锁商业企业战略转型应从价值链系统角度出发，彻底摒弃只考虑自身利益，为获取利润侵占供应商利益和损害消费者利益的"单赢"思想和行为，将企业放在整个产业的"价值系统"中考量，认真思考并确定与价值链系统中其他成员的关系问题。以大幅度提高顾客、供应商和自身的价值为目标，通过立足本业的自主经营模式，对供应链进行主导型的整合，通过自有品牌商品的开发、直采、精细化管理等，提高自身竞争力，实现供应商价值、连锁商业企业价值和顾客价值增值的多赢模式。

3.3.2　企业竞争力提升战略转型的设想

战略转型是在特定的战略情景下对行动域和行动的再选择，每次再选择的行动域和行动都是根据先前的选择、各种内外部环境事件/变化、战略定位、行动的客观空间做出的（Hakan & Lindfors，1998）[139]。战略转型体现了企业的战略、组织架构及管理系统的整体性、多层次、非连续及全面的变化[140]，战略转型是以确保企业所拥有的异质性资源和能力与其外部市场环境相匹配，增强企业竞争优势，促进企业成长为目的的。影响企业战略转型成功的关键要素主要有：①对转型方向与时机的准确把握；②成功的转型战略及其有效执行；③适应转型战略的组织与文化变革；④足够的资源及其有效配置。[141]可见，企业战略转型成功的关键在于战略定位是否正确，战略资源整合是否到位，是否有与之相适应的组织架构和管控模式。结合连锁商业企业的发展实践，本书认为，连锁商业企业战略转型路径首先要准确把握转型定位的方向，并在此基础上，形成新的战略理念，构建新的行为模式，通过转型关键要素的推动，建立与之相匹配的新的组织架构、管理方式和业务流程等，从而提高企业绩效及增强企业的环境适应性和竞争力，促进企业可持续发展（如图 3-6 所示）。

1）战略定位方向转型

连锁商业企业战略转型首先是战略定位方向转型，即由原来"做大"导向的战略定位转向"做强"导向的战略定位，走可持续发展之路。

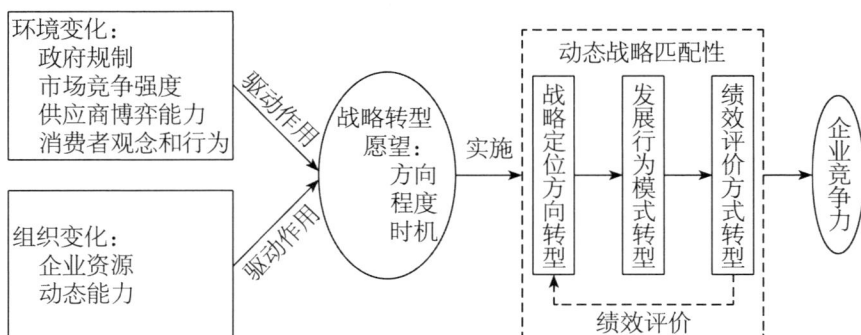

图 3-6　连锁商业企业战略定位转型实施方案

战略定位方向转型决定了企业未来走什么路，对企业的发展意义深远而重大，目前摆在连锁商业企业面前亟待解决的现实问题是：何种战略定位能够从根本上提升企业的竞争力，引导企业可持续发展。通过上述分析可知，由于外部环境的变化、内部资源的短缺等，使得原有"做大而变强"的战略理念难以为继。首先，政府规制的变化，特别是对供应商收费和商业预付卡等经济规制加强后，削弱了企业"做大"的资金来源（通道费、预付款）；同时商品质量安全、节能环保等社会规制加强，在一定程度上提高了企业的运营成本和社会责任。此外，在中国经济增长趋缓、消费需求疲软的大市场背景下，连锁商业企业的市场集中度不断提高、供应商的博弈能力不断加强和消费者的需求趋向个性化等，都使得连锁商业企业"以大取胜"的外延发展战略受阻。其次，内部资源不足，制约了企业"做大"战略的实现。"做大"战略主要通过增加生产要素的投入数量，如增加资金、设备、人力、售卖场所（门店）等要素的投入量，以此扩大经营规模，通过规模扩张来提升成本优势，进而提升企业的市场竞争力。而目前企业的内生资金不足、人力资源短缺、信息化水平不高和门店有效资源不足等问题，困扰并制约着企业发展。最后，还有一个关键因素，即企业经营管理能力制约企业发展。在外延式发展战略下，企业往往忽视经营管理能力的培养和加强，而这恰恰成为企业"大而不强"的根本原因。追求规模经济是连锁经营的内在要求，但是决定企业效率的，不仅是它的店铺规模是否经济，更重要的是经营管理能力。在店铺达到规模经济的条件下，企业利润率最大化取决于经营管理能力，即不同的管理能力所对应的利润率不同，从而有效规模是不同的。因此，连锁企业的有效规模是由经营管理能力所决定的一个区间规模（方惠、乞建勋,2005）[142]。可见，企业规模发展要适度，要与自身的经营管理能力相匹配，只有不断增强企业内力，企业才能做强，而做强企业是提升竞争力的根本，企业的战略定位必须转到"做强"上来。

以"做强"为导向的战略定位，强调依靠提高生产要素质量、提高生产效率和资源配置效率等方式来实现企业竞争力的提升。例如，通过提高产品、服务、售卖空间的差异性和独特性，提高店铺选址、采购、配送、销售与服务等内部价值活动的差异性，以及精细化管理等实现企业的内生增长，提升企业竞争力，促进企业成长。转型时期，连锁商业企业面对动荡多变的市场环境，更应理性发展，即在保持一定规模和合理发展速度的基础上，注重探索高效的经营管理模式，在业务流程、资源配置、管理方式、能力体系等方面下功夫，通过不断提升企业经营管理品质和市场竞争优势，促进企业的可持续发展。

2）发展行为模式转型

企业行为实质上是由企业的外部刺激结构和内部结构交互作用所制约，为实现一定的经营目标而做出的现实反应。[143]企业的行为模式直接由企业的经营战略目标所规定和驱动。内外部环境共同决定了企业的经营战略目标，进而制约并影响着企业的发展行为模式。连锁商业企业的发展一方面表现为规模扩张、数量增长，另一方面表现为结构改善、质量提升。由此形成了两种战略发展模式：一是通过规模扩张，增加门店数量，从而使企业"做大"的外延式发展模式；二是通过总部、门店、物流配送中心的结构和能力的改善，提升内涵质量，从而使企业"做强"的内涵式发展模式。企业发展模式的选择主要受企业的战略定位和内外部资源环境因素的影响。一般而言，外部市场环境好，企业资源充足，宜采取外延发展模式来发展企业；外部环境不好，资源紧缺或交易成本高，宜采取内涵式发展模式，通过有效使用资源来做强企业。战略方向决定行为方式。企业的发展模式最终还是由企业的战略定位决定的，有什么样的战略定位就有什么样的行为方式。企业战略转型必然带来行为方式的转型，否则战略转型就会成为口号而无的放矢。

审视中国连锁商业企业 30 多年的发展历程，不难发现，由于外部环境宽松和费用导向盈利模式的驱动，企业纷纷选择"做大"战略定位下的规模扩张模式，从而使企业走上了规模化成长和多元化经营的道路。随着时代的发展，企业所处的社会经济环境和市场环境在不断变化，特别是 2008 年全球金融危机以来，外延式发展模式的一些痼疾严重制约了企业的发展，因此向内涵式发展模式转型成为企业"做强"的有效途径。

内涵式发展模式是依靠企业自己的积累，通过总部、门店和配送系统的有机整合，通过经营差异化和价值链的经营增值，以及自有商品的开发、质量提升和技术进步等，来提高资源利用效率和市场竞争力，进而使企业发展壮大。尽管内涵式发展模式能不断拓展企业可持续成长的空间，但这并不是说企业就排斥外延式发展，企业可以根据自身发展的需要，在通过内涵式发展模式提升企业竞争力的过程中，适机选择并购等外延式发展方式，促进企业做强、做大。

3）绩效评价方式转型

企业绩效评价是指对企业整体经营业绩和运作效率所做的综合性评价。[144]企业战略决定了企业行为，企业行为必然带来一定的绩效成果；而企业的绩效成果反过来又能折射出企业行为和企业战略的科学性、合理性以及存在的问题，引导企业调整企业战略和企业行为，从而促进企业绩效的提升。故而企业绩效评价有三重作用和意义：一是对企业战略决策、行为模式的成果检验；二是对企业战略决策、行为模式的诊断；三是对企业战略决策、行为模式的引导。

长期以来，在"做大"战略的指导下，连锁商业企业绩效评价一直采用的是以"规模"为导向，以财务报表为评价基础的传统绩效评价方式。这种绩效评价方式以"销售规模、销售增长率、利润增长率"等为主要绩效评价指标，引导企业走规模扩张之路，很难对企业深层次存在的问题进行诊断，并促使很多连锁企业把追求规模扩张作为其发展的原动力，通过增加门店数量来提高销售规模，以增强其市场地位，从而忽视了企业内涵建设，导致企业内生力严重不足，企业可持续发展后劲不足。因此，连锁商业企业在战略定位转型、行为模式转型的同时，绩效评价方式也应同步转型。

不同的企业绩效评价方式，会引导企业有不同的发展目标和市场行为，导致企业不同的绩效差异。连锁商业企业要实现真正的战略定位、行为模式转型，也应对企业绩效评价方式进行创新转型，即由"规模"导向的绩效评价方式转向"质量"导向的绩效评价方式。"质量"导向的绩效评价方式，强调评价基础以战略为主，强调评价指标的设计与环境和战略保持动态平衡，强调评价体系不仅应重视一定期间企业的经营成果，更应重视引导企业改善经营管理，引导企业合理开发并有效利用资源，不断更新优势资源的动态组织能力和开发利用能力，进而通过不断提高企业利用资源的能力、技能的组合效果，促进企业"做强"，保持企业的市场竞争优势，走可持续的内涵式发展之路。

3.4 本章小结

第一，探析了转型期中国连锁商业企业的发展趋势及特征，即后金融危机时代，中国连锁商业呈现出整体增速趋缓、外资连锁企业增速明显、网络零售步伐加快和渠道下沉等特点；探究了随着产业环境的变化，转型期连锁商业企业竞争力呈现出经营模式转变与创新以及供应链整合与优化两个新特点。

第二，运用波特的"五力"模型和资源能力理论，分析了驱动连锁商业企业战略定位转型的内外部因素。研究结果表明，中国连锁商业正处于重要的转型时期，外部环境发生了重大变化，如政府规制加强、竞争不断加剧、供应商市场博弈能力增强、顾客需求变化等，都驱动连锁商业企业转型发展；而内部资源方面，如资金、高素质管理人才、信息技术等资源短缺，成为制约连锁商业企业发展的瓶颈。这些变化使得连锁商业企业原有的"外延扩张"战略定位难以为继，战略定位转型是企业主动适应环境变化、提升竞争力的必然选择。

第三，思路决定出路。企业战略定位转型的根本目的是优化资源配置，提高企业竞争力。为实现这一目的，连锁商业企业需要实现由外延式战略向内涵式战略转变，由粗放型管理向集约型管理转变，由费用导向型盈利模式向业绩导向型盈利模式转变，由价值链增值的"单赢"模式向"多赢"模式转变。连锁商业企业战略定位转型的实施路径为"三转"，即战略定位方向由"做大"转向"做强"，行为模式由外延式转向内涵式，绩效评价方式由"规模导向"转向"质量导向"。通过战略定位转型，调整行为模式，提高企业绩效和竞争力，促进企业可持续发展。

第4章 转型期连锁商业企业竞争力 提升的行为模式分析

连锁商业企业竞争力提升的行为模式是在特定的产业环境下，由战略目标决定的，为提升企业竞争力而形成的规范性、惯例化的行为方式和表现。其实质是企业战略目标的实施行为和行动路径，体现了战略管理理论的目标与行为有机结合的思想。连锁商业企业基于"做大"和"做强"这两种战略目标，形成了两种竞争力提升的行为模式，即外延式行为模式和内涵式行为模式。本章重点解析两种行为模式的本质特征，探析两种行为模式的形成机理及效应，旨在促进连锁商业企业竞争力提升的行为模式转型。

4.1 转型期连锁商业企业竞争力提升的行为模式类型

战略目标是企业在实现自身价值和宗旨的过程中，致力追求的预期结果和前进的方向，是企业行为的方向标和动力源泉，直接驱动并规范着企业的行为方式。连锁商业企业的战略目标从发展"量"和"质"两个角度，可以分为数量发展目标和质量发展目标两种。数量发展目标又称"做大"战略目标，是指企业在外延规模上的发展目标；质量发展目标又称"做强"战略目标，是指企业在内涵素质上的发展目标。基于

"做大"和"做强"两种战略目标,形成了连锁商业企业竞争力提升的外延扩张型(外延式)和内涵提升型(内涵式)两种行为模式。

4.1.1 外延扩张型

"做大"战略目标,其追求的是规模和速度。在此目标的指引、规范下,连锁商业企业形成了外延扩张的行为模式,即通过增加资金、设备、人力等要素的投入,促进企业规模做大,获取规模竞争优势。其本质特征是通过规模扩张,做大企业。

1)外延扩张型的特征

连锁商业企业的规模扩张呈现出以下特点:

(1)扩张方式的多样性

连锁商业企业规模扩张的方式多种多样,从中国连锁商业的发展实践来看,主要有空间扩张、资本扩张、业态扩张、业制扩张[145]等。空间扩张又称地域扩张,是指连锁商业企业通过在不同的城市、地区、区域,甚至国家开设分店而实现的规模扩张。空间扩张是连锁商业企业通过增加网点资源,获取地理位置优势的有效方式,可以提高门店的市场覆盖率和市场占有率。资本扩张是指连锁商业企业通过参股、收购、兼并、重组等方式,扩大企业经营规模,进入新的经营领域,以实现其规模扩张的目的。业态是指零售企业为满足不同的消费需求而形成的不同的经营方式。目前,主流的业态有超市(大卖场)、百货店、购物中心、便利店、专卖店、专业店、网上商店等。业态扩张是指连锁商业企业根据目标市场特征、竞争态势、需求状况、物业条件等选择的多业态组合发展。随着市场的细分化和业态创新,越来越多的连锁商业企业由单一业态向多业态发展。业制是指由零售产权关系所安排的经营制度,就连锁经营而言,主要包括直营连锁、特许连锁和自由连锁三种。业制扩张主要指连锁商业企业在发展直营门店的同时,也通过特许加盟、自由连锁等方式,实现低成本的规模发展。

(2)扩张方式的融合性

空间扩张、业态扩张、资本扩张和业制扩张等方式相互依存、相互融合,共同促进企业的规模发展。比如在南京,苏果超市在采取地域扩张的同时，融合了业态扩张方式，实现了便利店、社区店、标准超市、购物广场等多业态的错位经营，以及对消费者需求的"无缝隙覆盖"，有效提升了市场竞争力。此外，苏果超市在发展直营店的同时，也大力发展特许加盟店以实现地域扩张，其加盟店遍布安徽、山东、河南、江苏等省，促进了苏果超市跨地区的规模发展。再如，国美电器通过并购永乐电器、大中电器等资本扩张方式，迅速实现了其地域扩张的规模发展目的。各种扩张方式的融合，加快了连锁商业企业规模扩张的步伐。

（3）规模扩张的粗放性

在"做大"战略目标下的外延式行为模式，重"量"轻"质"的特征十分明显，即重视资源要素投入的数量，重视销售规模、门店数量、人员数量、利润总额等规模性发展目标，采取粗放式的投资，将大部分精力和资源投入到新店的开设和并购等规模扩张上；忽视了资源要素质量的提升，如人才培育、技术提升和业务流程的优化等，使企业内生力不足，缺乏可持续发展的后劲；忽视了企业内涵质量建设和集约化管理，导致企业的管理水平和管理效率不高，企业管理失控和资金链断裂等经营管理风险和威胁增大。

外延式行为模式受到的最大挑战是产业环境变化导致可从外部获取、利用的资源（特别是资金）短缺，以及受自身经营管理能力制约，企业陷入"规模不经济"的困境，导致企业"大"而不"强"，造成社会资源严重浪费，企业失去活力（如图 4-1 所示）。

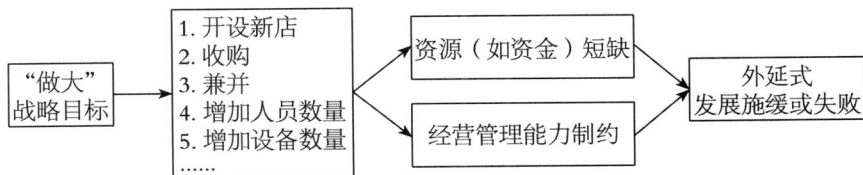

图 4-1　"做大"战略目标与外延式行为模式

2）外延扩张型的市场表现

外延扩张型的市场表现主要有空间扩张（地域扩张）、业态扩张（业态多元化）、资本扩张（兼并收购）、业制扩张（特许经营）等。四种扩张方式的融合，极大地促进了连锁商业企业的规模发展。

（1）空间扩张

连锁商业企业的空间扩张主要有渗透式扩张、跳跃式扩张和跳跃渗透结合式扩张三种（郎咸平，2006）[146]。其中，渗透式扩张又称区域集中式扩张，是指连锁商业企业集中资源，在某一特定区域内开设分店，力求在该区域内获取和保持绝对竞争优势。选择渗透式扩张的企业，一般以连锁总部所在地为中心开设门店，并逐渐向周边地域渗透，以获取较高的市场覆盖率和占有率，成为区域内的大型企业，如江苏的苏果超市、浙江人本超市、郑州丹尼斯百货等。跳跃式扩张又称跨地域扩张，是指连锁商业企业在全国多个不同的城市或地区开设分店，力求建立较大的销售网络体系或占领某个大区域市场空间，成为全国性大型企业，如苏宁、国美、沃尔玛、家乐福等。渗透式扩张和跳跃式扩张不是截然分开的，越来越多的企业将两种方式结合起来。例如，区域性企业谋求跨区域发展，以拓展企业发展的空间；而采取跳跃式扩张的企业为谋求某一区域的市场渗透，加快区域内布点，以提高市场占有率。空间扩张是连锁商业企业规模扩张的重要方式，该方式与其他方式融合发展，极大地促进了企业的规模化发展。

近年来，越来越多的企业在地域扩张中陷入困境，主要问题如下：

①扎堆开店，引发恶性竞争。一些城市的商圈内企业选址开店过于集中，由于没有错位经营，同质现象严重，从而导致企业之间不断上演"价格战"、"促销战"，一些企业相继关店。同时，在"价格战"中也出现了企业价格欺诈等违法行为。

②外资企业发展提速，优势商圈竞争激烈。一些实力雄厚的外资企业，如沃尔玛、家乐福、欧尚等，在跳跃式扩张的基础上，加快市场渗透的步伐，选择成熟商圈开店，加剧了市场竞争，对在位内资企业构成了威胁。例如，2008 年年底，南京欧尚应天西路店开业。此前，在该店周边已开设同类卖场和各业态超市 32 家，相距 400 米左右就有苏果应天西路店、兴隆店两家面积达上万平方米的卖场[147]，该店的开张进一步加剧了商圈内的竞争。

③企业跨区域扩张受阻。这种阻力有的来自外部环境，如统一纳税的障碍、地方保护主义等，但更主要的是因为自身资源和能力不足，如

资金不足、人才困乏、物流配送技术落后、信息化水平落后等。

（2）业态扩张

连锁商业企业通过跨业态发展，实现企业的规模发展。业态扩张不仅能够分散企业的经营风险，使企业获取范围经济；而且在一定地域内，通过多业态组合、错位和互补经营，可以更好地满足消费者的多样化需求和"一揽子"购物要求，从而吸引更多的客源，提高市场占有率。此外，随着互联网技术的发展，网上商店与实体店结合发展，实现了"线上"和"线下"互动经营，极大地拓宽了企业的经营时间、空间，为企业发展创造了新的领域。上述种种，促使越来越多的企业由单一业态经营走向多业态经营。2008 年，零售百强企业中多业态经营企业的数量首次超过单一业态经营企业；2009 年，零售百强企业中多业态经营企业达到 63 家，2010 年这一数量下降到 60 家，虽然比 2009 年减少了 3 家，但仍达到 60% 的高比例。因此，多业态经营是大型零售企业的主要经营方式。[148]

尽管多业态经营有着诸多优势，但是在扩张中仍存在以下问题：

①盲目追求多业态经营，管理水平和能力跟不上。近年来，一些企业盲目跟从开展多业态经营，但是受自身资源和能力的限制，其成长的并不好。据调查，60% 以上的上市零售企业都走上了业态多元化之路，但是近 70% 的企业资产负债率高于 50%。[149]事实上，由于多业态经营的复杂程度和难度加大，因此对企业的资金和经营管理水平的要求也更高。企业每进入一个新的业态都需要有一定的培育周期，这不仅要求企业能够承受前期的亏损，还需要具备强大的人才、技术、管理等后台能力，而资金和管理能力的不足，必然导致一些企业实施多业态经营失败。

②核心业态没有凸现，原有业态竞争优势渐失。一些企业在实施多业态经营时，没有形成主次分明的业态体系，业态之间的互补性不强，在发展过程中渐渐偏离主业，使原有业态的优势逐渐丧失，而新发展的业态一时又难以形成竞争优势，导致业态多元化的优越性没有得到实现。而纵观沃尔玛、家乐福、麦德龙等国际连锁商业企业巨头，其实施的多业态经营无不突出主业，强化其主业态的竞争优势和辐射作用的

发挥。

③发展网上商店新业态，面临诸多难题。近年来，随着电子商务的发展和消费需求的改变，网络购物市场发展迅速。中国电子商务研究中心发布的报告显示，截至 2012 年 12 月，中国网络零售市场交易规模达 13 205 亿元，同比增长 64.7%；中国网购用户规模达 2.47 亿人，同比增长 21.7%。[150]巨大的市场空间吸引着越来越多的商业企业加入。中国连锁经营协会发布的《传统零售商开展网络零售的研究报告 2012》显示，截至 2012 年 6 月底，共有 59 家传统零售百强企业开展了网络零售业务，但企业经营网络零售的现状并不乐观，卜蜂莲花、物美、好又多等进行网络零售尝试，均以失败告终。[151]连锁商业企业发展电子商务面临的难题主要有：一是电子商务人才匮乏，缺乏有力的人力资源支撑；二是原有物流配送系统难以有效支撑庞大繁杂的网购业务，新建物流配送系统需要巨大的资金投入；三是线上业务（网店）与线下业务（实体店）没有融合发展，导致线上业务与线下业务对冲博弈；四是以苏宁易购、京东商城、国美网上商城等为首的企业，不断展开"价格大战"，线上、线下企业"价格火拼"事件频发，致使一些资金不足的企业难以为继。

（3）资本扩张

资本扩张是连锁商业企业在短期内实现规模扩张的有效方式。近年来，越来越多的大型商业企业，如物美、茂业国际、华润万家、百联集团、家乐福、海航商业、金鹰商贸集团、新世界、大商集团、银泰百货、苏宁等纷纷采取并购方式扩张企业规模。中国连锁经营协会的统计数据显示，2011 年，中国零售行业并购交易数量达到 159 起，比 2010 年增长 20%；2011 年披露的并购资金达 58.96 亿美元（约合人民币 374 亿元），较 2010 年增长 15%。[152]资本扩张加速了大中型连锁商业企业规模的扩大，特别是跨业态、跨领域、跨地域的发展。

尽管兼并、收购等资本扩张能够加速连锁商业企业的规模化发展，但是并购后涉及的资源、制度、人员、流程、文化等一系列整合问题，加大了企业扩张后的操作难度，增加了经营管理风险，存在的主要问题有：

①文化冲突。文化是企业经营管理的指导思想，并购企业之间由于存在着文化的差异，因而其经营理念、管理模式、管理制度、业务流程等都会不同。多元文化之间的冲突、矛盾难以在短时间内妥善解决，势必导致管理的粗放性，无疑会增大企业的经营管理风险。

②财务管理统一、规范难以实现。连锁商业企业是通过统一化、规范化、专业化、标准化的管理实现规模收益的。由于并购企业之间的组织架构、管理制度、管理流程等不同，特别是财务管理制度等存在差异，同时由于经营管理的惯性，因此在短期内难以形成统一、规范的财务管理方式，加大了内部财务管理、资金调控等方面的难度，增大了企业的经营风险。

③信息交流、传递难以有效实现。信息是企业决策的依据，信息系统作为企业决策的支持系统，如果没有及时、准确、全面的信息加以支撑，企业很难做出正确的决策。由于并购后企业规模扩大，信息传递环节增多，共享的信息平台难以在短时间内建立起来，因此信息难以在企业中及时、有效地交流、传递，导致企业不能根据市场的变化及时调整决策和改进策略。

（4）业制扩张

近年来，由于特许加盟具有低成本、低风险、快速扩张的优势，因此吸引着越来越多的连锁商业企业采取特许加盟的扩张方式发展企业，尤其是便利店、专卖店业态的企业发展较快；还有一些资金不足的企业，更将特许加盟视为规模扩张的捷径。

特许加盟方式的成功，一方面得益于企业有较高的品牌知名度和美誉度，能够吸引大量加盟商加入；另一方面是因为连锁总部具备较强的管控能力和支持能力，使得加盟体系能够持续发展。管控能力是指连锁总部对加盟店的经营活动的管理和控制能力，主要通过总部与加盟店店之间的责权利体系确立，统一规范的业务流程和管理标准对加盟店的运营实现有效控制。支持能力是指连锁总部对加盟店的经营活动提供系统支持以及业务的指导和帮助，如物流系统的支持、信息系统的支持、开业前的系统培训、促销活动的支持、品牌的宣传、危机事件的处理等。

显然，连锁总部的管控能力和支持能力对特许加盟方式的成功至关重要。

中国连锁经营协会的调查数据显示[153]，业制扩张面临的突出问题有：标准化和规范化管理水平不高、盈利水平下降、选址难、租金偏高、加盟费收取困难、投资人加盟意愿减弱、与加盟商关系的维护难度加大、品牌和品质难以有效管控等，其中最主要的问题是连锁总部的管控能力和支持能力不足。近年来，一些连锁商业企业及其加盟店的食品和消费安全事件频发，以及加盟店对总部的投诉纠纷的逐渐增加等，都暴露出了连锁总部的管控能力和支持能力严重不足的问题。

综合上述不难看出，连锁商业企业在规模扩张中暴露出的种种问题，原因主要是：外延式行为模式由于忽视经营管理能力、人才培育、流程优化、信息化建设等内涵质量的提升，难以适应内外部复杂环境的变化，企业经营管理失控风险随着规模增大而不断加大，导致企业随时都有可能陷入"生存危机"。

4.1.2 内涵提升型

内涵提升是企业持续发展的动力和永恒的主题。在"做强"战略目标的指引和规范下，连锁商业企业强调通过生产要素质量的提高和集约使用，如通过提高产品、服务、售卖空间的差异性，增强经营管理能力、提高人才质量、优化流程等，提高企业的经营管理效率，提升企业竞争力，促进企业发展。

1）内涵提升型的特征

内涵式行为模式是以质量发展为目标和前提的，因此质量提升是其本质特征。

（1）内涵提升的扩大再生产方式

在"做强"战略目标的驱动下，企业采取内涵提升的扩大再生产方式，即通过提高改善生产要素质量、挖掘内部潜力，促进资源的合理配置，提高资本使用效率和生产效率，实现企业的增长。此种行为模式并不摒弃规模发展，而是表现出了企业理性发展的一面，即企业在保持一定规模和合理发展速度的基础上，注重在业务流程、成本控制、营销技术、财务运作、服务质量、自有品牌开发、品牌价值和人才聚集等方面下功夫，通过"内涵质量"的提升，促进企业发展。

（2）集约化管理，实现资源要素的有机整合

"做强"战略目标驱动企业采取集约化的管理方式，由连锁总部对人、财、物、信息、技术等资源要素进行统一配置和有机整合，通过统一化、专业化、标准化的管理，降低运营成本，提高资源使用效率。连锁商业企业通过实行统一采购、统一配送、统一门店标识系统、统一服务规范等统一化管理，促进了连锁总部、门店和配送体系的协调发展，促进了购、存、运、销等商业活动的密切配合，提高了运营效率。通过实施专业化管理，促进连锁总部、门店及配送中心的各个环节、岗位、人员的专业化能力和水平的提高，进而放大了学习效应，降低了成本，提高了管理效率。通过实施信息标准化、职责标准化、工作过程标准化、产出标准化、技能标准化和规范标准化（Mintzberg，1979）[154]等标准化管理，强化了企业的学习能力，节约了交易成本，增加了专用性投资，实现了连锁门店"复制/粘贴"的有效性。

（3）重视人才培育和企业创新

企业竞争的本质是人才竞争，人才已经成为制约企业发展和创新的重要因素。"做强"战略目标驱动企业实施"人才兴企、人才强企"战略，高度重视人才的培育和使用，通过加大投入，建立人才培育的长效机制，充分发挥人的才能和价值，实现"人尽其才、才尽其岗"的"以人为本"的经营理念。创新是企业发展的动力和源泉，没有创新的企业难以成为行业的领跑者；没有创新，企业只能被动地模仿，难以超越竞争者，获取竞争优势。企业创新包括方方面面，如组织创新、管理创新、技术创新、产品创新、营销创新等。而创新型人才又是企业创新的源泉，因此，只有加大对人才的培育，特别是创新型人才的培育，才能不断推动企业创新，促进企业发展。

内涵式行为模式通过内涵质量建设，提高了资源要素的使用效率和经营管理能力，促进了企业资源的累积和内生力增长，提升了企业竞争力，使企业健康、稳定、可持续地成长（如图4-2所示）。

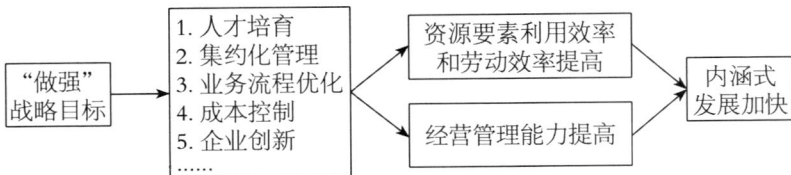

图 4-2 "做强"战略目标与内涵式行为模式

2）内涵提升型的市场表现

连锁商业企业通过开发自有品牌、扩大直采商品、创新营销模式等方式，促进企业内生力增长，提升企业竞争力。

（1）开发自有品牌

自有品牌是指连锁商业企业根据消费需求，自创自销的商品品牌。自有品牌商品的开发和经营，对于连锁商业企业内生力的提升意义深远。①由于自有品牌商品相对供应商品牌商品而言，省去了中间环节和品牌使用费用，甚至广告费等，因此价格更有竞争优势，提升了商品的获利空间。②连锁商业企业可以通过对销售数据的分析，开发适销对路的新产品，提高商品竞争力。③通过自有品牌商品的开发、运营和品控，提高自身的管理能力，进一步加强在供应链中的主导地位。例如，大润发的"大拇指"、"RT-MART"等自有品牌商品，涵盖了食品、饮料、生活日用品、电子产品、办公用品、宠物用品等主要商品大类，这些商品以其质优价低的竞争优势，极大地提高了大润发单店的销售业绩。

尽管自有品牌是提升企业内生力的重要方式，但是自有品牌的开发绝非易事，需要企业从市场调研、商品策划、原材料采购、厂商选择、价格及质量控制、物流、销售、尾货等全过程、全方位进行管理，是一项系统而复杂的工程。因此，连锁商业企业在开发自有品牌商品时，一是要加强自有品牌的开发和经营队伍的建设；二是要加强对自有品牌开发单个环节的管理，特别是产品质量的管控，杜绝问题商品上市，保证自有品牌的声誉，提高自有品牌商品的市场竞争力。

（2）扩大直采商品

直采商品是指连锁商业企业根据消费者的需求，直接向供应商采购的商品。其目的是增强企业的采购功能，减少供应链的中间环节，提高企业自主经营的能力。连锁商业企业主要通过出租场地，引厂商入店，依靠增收租金、通道费等获取利润，这种联营模式导致连锁商业企业的采购功能减退，商品经营能力下降，企业内生力严重不足。连锁商业企业扩大直采商品，对企业而言，主要有以下益处：一是促进企业商品经营能力加强。直接采购商品要求连锁商业企业首先要了解市场和商品信息，如产地、价格、质量等；其次要对市场行情和商品价格进行科学预判，及时采购商品，促进商品销售。二是降低成本，提高企业利润。直接采购商品，一方面减少了中间环节，降低了物流成本和损耗成本；另一方面，节约了流通时间，提高了流通效率。三是降低商品价格，使商品更具有竞争力，也使企业逐渐回归依靠商品经营而获取利润的经营模式。但是直采商品经营也面临着严峻的挑战，即经营风险完全由连锁商业企业自己承担，这就要求连锁商业企业严格把控货品选择、品质监控、物流配送、商品销售等各个环节，如果管控不好，势必会造成经营损失。

（3）创新营销模式

长期以来，连锁商业企业通过价格战、促销战等营销手段和方式，期待提高销售业绩和竞争地位，而忽视了从顾客价值出发的营销模式创新。创新营销模式，是指从顾客需求出发，以提升顾客价值为宗旨，将企业的业务活动和资源能力有机结合，从而比竞争者更有效率地为顾客提供商品和服务的方式。创新营销模式是连锁商业企业提升内涵和市场竞争力的重要方式之一。目前，连锁商业企业创新营销模式主要有以下市场表现：一是通过为消费者提供便利化、多样化、个性化的服务等，增加消费者对企业及其产品的感知度、认可度，提升顾客感知价值。二是利用现代信息技术，为消费者提供企业商品信息平台，使消费者通过电脑、手机等电子工具，就可以轻松了解商家的各种信息，建立线上与线下互动交流平台，实现即时沟通，提升顾客体验。三是整合供应链资源，与供应商在市场预测、商品开发、订单管理、商品销售等各个方面协作，构建产品和服务体验平台。尽管由于连锁商业企业的经营范围、发展阶段、资源能力等不同，营销模式创新也会有所不同，但是都要求企业既要有勇于创新的经营思想和理念，又要有紧跟时代步伐的务实型创新人才，这样才能保证营销模式创新获得成功。

综合上述可以看出，内涵提升型要求连锁商业企业更加注重自身经营管理能力的培养和提高，更加注重考虑企业的长远利益和未来发展，更加注重差异化经营和独特竞争力的打造。

4.2 外延式行为的形成机理

企业行为受外部环境的影响，并由战略目标决定。影响企业行为的外部环境主要有经济、政治等宏观环境和竞争者、顾客等行业环境，而直接约束和规定企业行为的则是企业的战略目标。

4.2.1 机理分析

外延式行为模式的形成既是外部经济、政策等环境因素作用的结果，也是企业"做大"战略目标实现的必然选择。

1）经济增长为其提供了土壤

中国经济的持续增长，提升了居民的收入水平，从而刺激了居民消费支出的增长，为连锁商业企业的外延式行为提供了土壤。2000—2007年，中国经济一直保持着持续快速的增长。国家统计局的数据显示，2007年，国内生产总值24.66万亿元，年均经济增长速度达到10.6%。经济的持续增长使得社会消费品零售总额也快速增长，2000年我国社会消费品零售总额为3.4万亿元，2007年增加到11.5万亿元，增长了2.4倍（根据国家统计局发布的数据计算得出）。消费品市场规模的扩大，推动了连锁商业的发展，使得连锁商业企业的外延式发展在较长时期内得以实施。

2）政府助推为其提供了动力

我国政府出台的一系列培育、壮大流通企业的政策措施，成为连锁商业企业外延式发展的重要推动力。例如，2002年8月，国务院体改办、国家经贸委出台的《关于促进连锁经营发展的若干意见》中明确提出，要积极培育一批主业突出、经营规模大、具有国际竞争力的大型连锁集团，鼓励通过兼并、收购等方式发展连锁企业。2004年，为打造具有国际竞争力的中国超级零售航母，我国提出准备用5~8年时间重点培育20家大型流通企业，商务部于2004年7月末正式公布了包括上海百联集团、苏宁电器、国美电器等在内的20家企业的名单。2005年6月，国务院发布的《国务院关于促进流通业发展的若干意见》中再次明确提出，鼓励具有竞争优势的流通企业通过兼并、收购、参股、特许经营等方式实现规模扩张，加快培育一批有著名品牌和自主知识产权、主业突出、核心竞争力强、具有国际竞争力的大型流通企业，并要求国务院各有关部门、有关金融机构、地方各级人民政府等要采取具体措施，扶持流通企业做大做强。2006年9月，商务部公布了重点扶持的100家大型农产品流通企业名单，其中流通主导型企业有51家。政府培育、扶持大型流通企业的相关政策和措施的颁布实施，为连锁商业企业的外延式发展注入了强劲的动力，助推了连锁商业企业的规模扩张。

3）外资抢滩为其提供了压力

随着中国零售市场的对外开放，外资连锁商业企业纷纷涌入我国，抢占市场。特别是2005年以来，中国兑现了零售市场全面向外资开放的"入世"承诺，对外商投资商业领域的市场准入障碍全面取消，外资商业企业在中国市场的扩张步伐明显加快，市场竞争日趋激烈。为应对激烈的市场竞争，抢占市场先机，连锁商业企业也加快了规模扩张的进程，希望通过扩大网点，降低成本，取得规模效益，获取竞争优势。由此，外延式行为模式成为连锁商业企业应对竞争的一种选择。

4）"做大"战略为其指明了方向

思路决定行动，目标决定行为。战略目标是企业在实现其自身价值和宗旨的过程中，致力追求的预期结果和前进的方向；是企业行为的方向标和动力源泉，直接驱动并规范着企业的行为方式。

中国企业历来有着"做大"的情结，"大"成为衡量企业、企业家成功与否的一种标志，"大"也意味着企业、企业家拥有更多的话语权和外部性优势。因此，很多连锁商业企业难以抑制"做大"的冲动，走上了规模扩张的外延式发展之路。此外，由于缺乏扩张资金，连锁商业企业纷纷采取"家乐福模式"，即费用导向的后台盈利模式，而此种盈利模式的成功，是由规模扩张来支撑的。所谓后台盈利模式，是指利用门店和货架资源，依靠向供应商收取各种名目的通道费及延期付款带来的现金流收益获取利润。后台盈利与企业规模成正比，即门店越多，采购量越大，返利越多。[155]实际上，这是一种"类金融"模式，而支撑这种盈利模式成功的支柱就是规模扩张，开店越多，就能够获取更多的通道费，占有更多的供应商资金，企业发展的就越快。这种盈利模式进一步膨胀了企业外延式规模扩张。

4.2.2 行为失效性

外延式行为使得一些连锁商业企业迅速做大起来，但是大并不等于强，不少企业因过度扩张而倒闭。外延式行为模式由于过度重视要素资源投入数量给企业带来的增长，忽视了要素质量提升对企业成长的促进作用，导致企业发展后劲不足，竞争力下降。

1）粗放式增长的短视效应

外延式行为模式在一定时期内促进了连锁商业企业的增长，但是这种增长方式是粗放型的，不具有长期的可持续性。突出表现在以下方面：一是连锁商业企业采取收取供应商通道费和延期付款等方式进行规模扩张，获取利润，使得企业的核心经营能力逐渐衰退；二是由于简单的要素投入，门店的规模扩张，使企业较轻松地获取利润，因此各种投资蜂拥而入，恶性竞争不断；三是企业将热情和精力投入到门店扩张，规模扩张占用了企业大量的资金，企业无暇顾及人才培育、技术提升、流程优化、创新等内生式增长，企业发展乏力；四是粗放式管理，忽视了内部管理能力的培养和管理效率的提高，导致企业资源浪费、管理效率低下，企业抗风险能力大大降低。

2）资源配置扭曲的风险威胁

外延式行为模式使得连锁商业企业的大部分资源用于自建新店、并购等规模扩张上，而在技术、信息化、人才培育等内涵建设方面投入的资金较少。这种资源配置扭曲，降低了企业内涵质量，弱化了资源配置效果，增大了企业的经营管理风险，也难以从根本上提高企业竞争力。主要表现在以下方面：

（1）管理失控

规模扩张需要大量资金、人员和设备的投入，企业为"做大"，将有限的资源集中配置在收购、兼并、开设新店等扩张上，由于缺乏在人才培育、技术提升、物流配送、经营管理能力等方面的投入，使得企业在成本管控、流程管理、人才聚集、财务运作、品牌管理、供应链管理等方面的能力明显不足，企业存在管理失控的潜在威胁，而这种威胁会随着企业规模的扩大而放大。

（2）资金链断裂

规模扩张需要大量的资金支撑，由于连锁商业企业融资渠道较少，而扭曲的资源配置导致企业内生积累资金乏力，因此企业扩张的资金主要来源于供应商。过分依赖供应商的资金进行规模扩张，使得连锁商业企业的资金链存在巨大的风险，一旦资金吃紧，企业将面临资金链断裂的危机，甚至还会导致企业关门、倒闭。

（3）人才流失

企业要"做大"，不仅需要资金、设备的投入，还需要大量的人员，特别是一线门店的经营管理人员和服务人员。但是由于外延式行为模式忽视了对人才的培育及人员素质的提升，因此导致企业人员流动率高，优秀人才难以沉淀下来，有些企业还存在人员大进大出（大量招聘新人，大量老人离开）的现象。人员队伍不稳定和质量不高严重制约着企业的可持续发展。

4.3　内涵式行为的形成机理

4.3.1　机理分析

内涵式行为模式的形成，既有来自企业对规模经济和做强企业的内在追求，也有来自供应商和竞争对手的外部压力。

1）规模不经济的驱动

规模扩张的根本目的是通过扩张取得规模经济效益，获取成本领先优势，实现"做大"企业的目标。同时，连锁经营的特质也要求连锁商业企业进行规模扩张，形成连锁之势。因此，人们普遍认为连锁商业企业的规模越大，竞争力越强。但事实并非如此，规模扩张并不必然带来效益的实现。本书将从经济学角度对此加以分析。

（1）研究假定

连锁商业企业是通过为最终消费者提供商品或服务，而获取盈利的经济组织，其任何市场行为都是经济理性的。其上游供应商数量稳定，且在一定时空范围内具有互替性；其下游消费者为数众多且分布分散，具有差异性。为此，假定如下：

①连锁商业企业是经济理性的，是以追求利润最大化为目的的。

②零售市场为供过于求的买方市场，规模扩张可以覆盖更多的消费者。

③市场法制健全，金融资本市场完善，对规模扩张不构成约束条件。

④同一区域的企业各连锁分店之间不存在竞争。

（2）规模经济分析

规模经济是指连锁商业企业的长期平均总成本，伴随着分店规模扩大和销售规模增长而下降和保持不变。连锁商业企业的规模经济曲线如图 4-3 所示。①在销售量达到 Q_0 之前，由于开设分店、信息管理系统投资等固定成本是在开业后逐渐形成的，且资金数额和增长速度均高于销售额，因此长期平均总成本呈上升状态，处于规模不经济阶段。②初期投资完成，且销售量达到一定规模(Q_1)后，平均成本才会转为下降，企业开始进入扩张期(周殿昆，2006)[156]。企业在进入扩张期后，如图 4-3 中的 AB 段所示，随着分店数目的增多，经营规模越来越大，与供应商的议价能力越来愈强，平均采购成本降低；同时经营商品中所包含的固定成本也不断下降，使得单位商品的平均经营成本或费用随着销售量的增长而不断下降。③随着规模的进一步扩大（销售量达到 Q_2 规模），各投入要素被充分利用，当单位商品的平均成本与边际成本相等时，企业进入最佳规模范围，此时商品的平均成本最低，如图 4-3 中的 BC 段。④随着规模继续扩大，设备损耗、技术更新带来了巨额的重置成本，采购折扣的刚性和跨区域配送成本增加，控制幅度增加导致管理成本上升，跨区域扩张导致本土化学习成本增加（赵霞、周殿昆，2010）[157]，最终规模扩张的负效应超过了正效应，连锁商业企业的规模扩张进入了规模不经济阶段，如图 4-3 中的 CD 段。

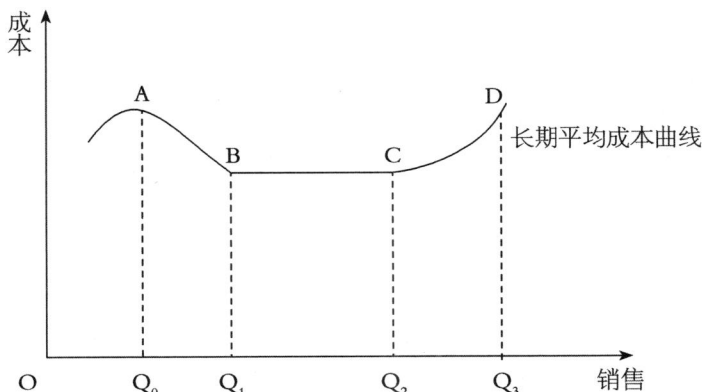

图 4-3　连锁商业企业的规模经济曲线

此外，庄贵军（2000）、赵凯（2008）、李卫忠（2008）、陈慧杰（2010）、杨宜苗（2010）等，从实证角度对连锁商业企业扩张的规模经济问题进行了研究。研究同样表明，规模大并不意味着企业竞争力强，要具备较强竞争力必须以一定的经营规模为基础，规模适度是连锁商业企业获取竞争力的重要保障。

可见，规模扩张具有阶段性，规模给企业带来的竞争优势是有限的，如果不注重规模质量的提高，盲目追求规模数量的膨胀，企业必将陷入"规模不经济"的陷阱。因此，连锁商业企业要想真正"变强"，必须走内涵式发展道路，在价值链中准确定位，把握适度的发展规模，建立自己的核心竞争优势。

2）做强企业的内在驱动

对任何企业而言，资源都是有限的，无论是资金、技术，还是人才。如果这些有限的资源不能得到有效配置，不能为企业创造更多的利润，那么其实质就是一种资源的浪费。任何企业都希望通过发展变得强大，但是外延式由于强调规模扩张，重"量"轻"质"，从而忽视了内生能力的提高，使得资金、设备、信息、人力、技术等资源要素没有得到有效配置，尽管企业拓展速度很快，但业绩并没有同步增长，盈利能力弱，并呈下降趋势。实践证明，连锁商业企业规模的扩张，使得跨地域、跨业态、跨业制、跨文化的经营活动增加，且复杂程度提高，大量的商流、物流、信息流、资金流、人力流等交汇在一起，企业如果不加强内涵质量建设，缺乏较强的掌控能力，将难以适应内外部环境的变化，规模扩张只会导致企业失败。同样，研究也表明，在获取利润最大化的诱惑和激烈竞争的外部压力下，企业出自内在做强和可持续发展的需要，走内涵式发展的道路。内涵式发展更有一种天然的亲和力，更容易实现"1+1＞2"的目标。[158]

3）零供矛盾升级的压力驱动

近年来，零供矛盾事件频发，如联华下架卡夫食品、康师傅断货家乐福、九三粮油断货家乐福、益力多断货沃尔玛等。其实，连锁商业企业与供应商的矛盾由来已久，矛盾的焦点主要集中在侵占供应商资金上。

连锁商业企业的规模扩张需要大量的资金支持，这些资金从何而来，成为人们关注的焦点。学术界、政府机构以及实证研究，均认为连锁商业企业的规模扩张资金主要源自供应商，进场费成为零售企业利润的主要来源，中国规模零售企业构造了"规模扩张—进场费—规模扩张"的绩效源泉[159]。可见，异化盈利模式支撑着连锁商业企业的规模扩张。

连锁商业企业的利润可分为前台毛利和后台毛利。前台毛利主要是指通过赚取商品进销差价获得的利润；而后台毛利则是通过收取供应商"通道费用"获得的利润，这些通道费用名目繁多，如入店费、促销费、条码费、销售返点、新品上架费等。后台毛利主要取决于连锁企业的采购量和供应商返利率的高低两个因素，而这两个因素都与企业规模有关。规模及采购量的大小，又决定了在与供应商谈判中返利率的高低。因此，规模扩大导致后台毛利递增，也就是说，后台毛利与企业规模成正比。[155]研究发现，有些连锁商业企业的后台毛利占销售额的8%～12%，赶上了前台毛利[160]，甚至有些零售商的通道费可以占到其盈利额的80%[161]。由此可知，连锁商业企业主要通过收取供应商的费用来赚钱，这种异化的盈利模式在推动连锁商业企业发展的同时，一方面加剧了零供之间的矛盾，导致冲突不断；另一方面，也增大了连锁商业企业资金链断裂的风险（如图 4-4 所示），使其逐渐丧失了商业的本质和功能，成为"食利型"企业。事实证明，不承担市场风险的零售企业，也无法取得机会利润和风险利润，它的盈利空间有限，只能勉强维持，当平均利润率不到 1% 时，企业就会失去开拓能力。[162]

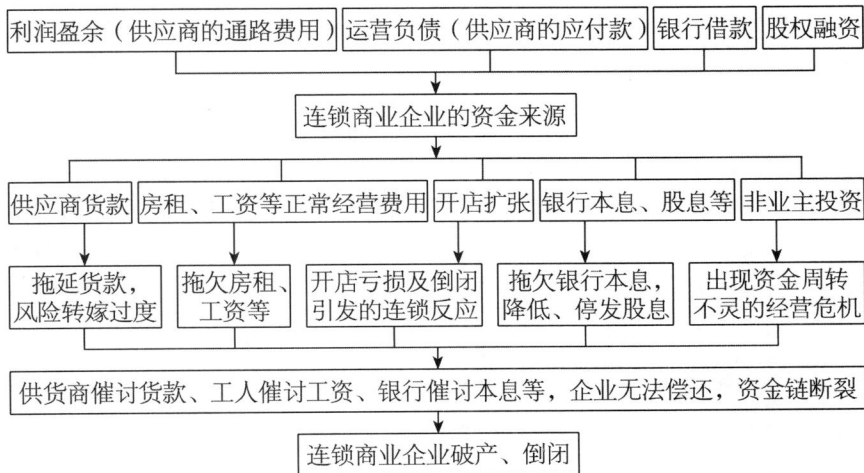

| 利润盈余（供应商的通路费用） | 运营负债（供应商的应付款） | 银行借款 | 股权融资 |

连锁商业企业的资金来源

| 供应商货款 | 房租、工资等正常经营费用 | 开店扩张 | 银行本息、股息等 | 非业主投资 |

| 拖延货款，风险转嫁过度 | 拖欠房租、工资等 | 开店亏损及倒闭引发的连锁反应 | 拖欠银行本息，降低、停发股息 | 出现资金周转不灵的经营危机 |

供货商催讨货款、工人催讨工资、银行催讨本息等，企业无法偿还，资金链断裂

连锁商业企业破产、倒闭

图 4-4 连锁商业企业资金链断裂风险

为了从源头上解决零供之间的矛盾，提高企业的核心经营能力，连锁商业企业必须改变现有的盈利模式，从费用导向型盈利模式向经营导向型盈利模式转变。实际上，企业盈利模式的转变是整个经营思想和经营体系的转变，是带有革命性意义的转变。[163]

4）缩小与外资连锁企业差距的驱动

2008 年金融危机以来，尽管国内消费市场低迷，但是一些内力雄厚的外资连锁商业企业凭借其雄厚的资金优势、先进的技术、全球采购能力、成本控制能力、自有品牌开发能力、卖场终端的管控能力等，在发展速度和发展质量上明显超越本土连锁商业企业，使得本土连锁商业企业原有的规模优势、在位优势等逐渐降低或消退。例如，沃尔玛、家乐福、大润发、麦德龙、欧尚、卜蜂莲花等外资连锁企业，在大型超市业态中逐渐占据了市场主导地位。中国连锁经营协会发布的连锁百强数据显示，截至 2012 年年底，沃尔玛在华门店总数为 395 家、大润发在华门店总数为 219 家[179]、家乐福在华门店总数为 218 家；三店 2012 年单店年销售额，分别为大润发约 3.31 亿元，家乐福约 2.08 亿元，沃尔玛约 1.47 亿元[164]，上述三店无论是销售规模，还是门店增速和单店销售额，都稳居纯卖场业态中前三位。

为缩小与外资企业的差距，内资连锁商业企业必须走内涵式发展道路，通过做强自己，使"做强"与"做大"协同发展，提升企业竞争力。

4.3.2 行为有效性

内涵式行为模式以质量提升和资源能力增长为目标，重视竞争资源与能力的投入、培育、开发和更新，以便连锁商业企业获得可持续发展的内生力量。

1）集约化管理的内生增长效应

内涵式行为模式强调集约化管理。集约化管理不是集中化管理，该管理方式既要求企业将有限的人力、物力、财力等要素资源进行统一配置和管理，更要求企业在经营管理过程中，能够节约、高效地使用资源，降低成本，从而最大限度地发挥资源的使用效率。集约化管理促使企业在经营管理方面更加精细化、高效化和创新发展，促进了企业的可持续发展。其内生增长效应突出体现在以下方面：一是连锁总部通过对资源要素的统一配置和管理，优化资源配置，加大对人才、技术、品牌等竞争资源的投入和培育，挖掘资源潜力，发挥资源的效能，促进竞争资源转化为竞争优势。二是通过专业化、流程化、标准化管理，将连锁体系中的相关业务、管理活动进行研究、分析，总结并制定出适应企业连锁体系运营的标准化作业程序、管理规范和服务规范，并成为企业"共享的知识"，通过"标准化共享知识"的复制，放大知识的经济性，简化管理工作，提高管理效率，控制人为因素对经营管理可能造成的不利影响，提高企业竞争力。三是通过对网点资源的精细化管理，如科学选址、合理布局、有效的零售组合等，提升门店的客流量、客单价、坪效、利润等，提高单店市场竞争优势，充分发挥网点资源效用。四是通过不断创新经营管理模式，增强自主经营能力，避免经营的同质化和恶性竞争，增强企业的抗风险能力。

2）发挥总部经济功能，放大管理效应

连锁商业企业能否可持续发展，关键在于发挥连锁总部经济的效用，提高总部的配置能力。故而，业内流行一句俗话："总部有多强大，门店就能走多远。"从管理组织的角度来看，总部是公司的管理行政中心，总部就是一个企业的大脑部位（Strauss-Kahn&Vives，2009）[165]，其主要职能是战略规划、政策制定、协调和管理企业内部活动，使资源得到优化配置。连锁商业企业总部经济是指企业发展到一定规模，根据消费需求的分散性，将总部与门店分设在不同区域，功能分离的过程，总部承担战略制定、商品采购、运营管理、人才培育等功能，门店承担商品销售功能。连锁商业企业总部经济效用的实现，主要体现在总部资源配置功能的发挥上(如图 4-5 所示)。

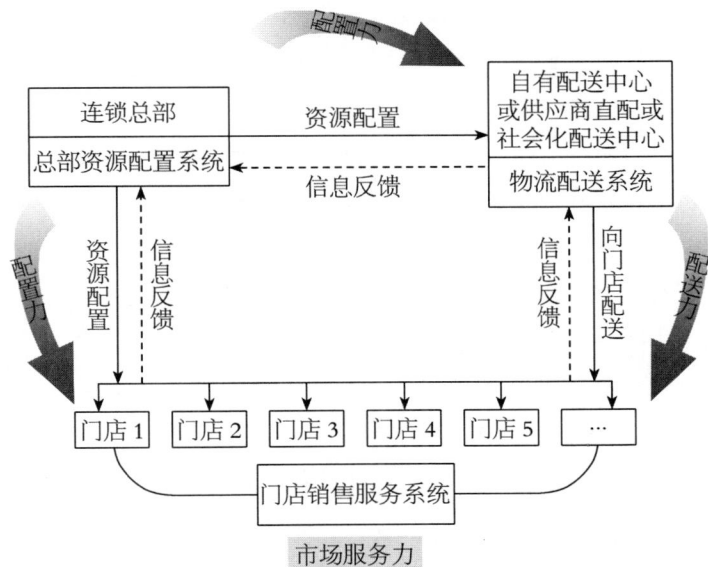

图 4-5　连锁总部经济的效用实现

在外延式发展模式下，连锁总部的功能主要集中为商品采购和门店开发，其总部资源配置功能没有充分发挥，导致企业难以做强。内涵式行为模式强化总部对战略资源的管理功能，放大管理功效，促进企业内生增长，主要体现以下方面：一是优化资源配置，有效开发和培育竞争资源和能力，为企业发展提供能量。作为连锁商业企业的战略主体，总部承担了企业发展战略的制定、商业模式的设计和创新、运营管理系统和业务支持系统的搭建和完善、资本运作管理以及自有品牌的开发和连锁品牌的建设等战略管理职能。内涵式提升要求连锁总部科学制定战略定位和经营策略，选择企业关键性的竞争资源与能力加以开发和培育，从而使企业获得长足的发展后劲。二是通过有效管理，确保连锁体系高效运行。作为企业的大脑和行政管理中心，总部应承担整个连锁体系的管理机制、管理流程、管理标准、管理制度等的制定和完善，对连锁门店和物流系统执行总部政策和计划的情况进行检查和督导等管理工作。内涵式提升要求总部对企业的人力、网点、财力、物力、信息等进行合理的配置和使用，以确保整个连锁体系管理的统一性、规范性，提高管理的效率。三是总部通过协同门店和物流系统，提高物流系统配送能力和门店系统市场服务能力。作为企业的市场运营主体，总部承担了市场调查与研究、行销政策的制定、营销策略的组合设计、商品销售管理、物流模式的选择等工作。内涵式行为模式要求连锁总部从战略的角度，通过有效营销组合策略的制定和实施，为门店和物流系统提供指导、支持和服务，以提升门店市场的服务能力和物流系统的配送能力。四是重视人才培育，挖掘和发挥人的潜能和创造性。作为企业的人力资源管理中心，总部承担了整个企业的人才发展规划、各级各类人才的培育标准、成长路径及职业生涯规划、人才培育培训体系建设等工作。内涵式提升要求连锁总部建立人才培育的长效机制，充分发挥人的才能，使"人尽其才、才尽其岗"在本企业真正实现。

综合上述可知，任何行为模式都是基于一定的市场背景和内在需要而做出的一种选择，连锁商业企业选择外延式行为模式，就企业所处的环境而言无可厚非。但是，战略定位不是静态的，不是一成不变的，科学合理的战略定位应主动适应环境的变化，进行动态调整，使企业的内部资源能力与外部环境动态匹配，以促进并保持企业的竞争优势。2008年金融危机以来，国际市场需求萎缩，全球经济增长疲软。尽管我国政府出台了一系列稳定经济增长的措施，但是从总体来看，国内市场经济增长趋缓，企业面临产业结构调整、转型升级的压力。内外部环境的重大变化，使得越来越多的连锁商业企业明显感到企业持续发展的内力不足，企业在"做大"的同时并没有"变强"，与外资连锁企业同台竞技时，原有的在位优势、规模优势、价格优势等正逐渐消退，连锁总部、门店和物流配送系统三者之间难以形成有效的资源整合。连锁商业企业在"做大的光环"下掩盖的经营痼疾暴露无遗，内生力严重不足，这更加凸显了外延式发展战略的短视效应和资源配置的扭曲，外延式行为模式难以为继，向内涵式转型成为企业生存和发展的唯一途径和必然选择。

4.4　本章小结

（1）不同的战略目标引导企业采取不同的行为模式。外延式行为模式以"做大"为目标，其本质特征是规模扩张，且扩张方式具有多样性和融合性。连锁商业企业的外延扩张主要通过地域扩张、业态扩张、资本扩张和业制扩张等方式实现，其扩张方式表现出了诸多问题，如恶性竞争、核心业态优势下降、并购后的整合困难等，严重制约了企业竞争力的提升。而内涵式行为模式以"做强"企业为目标，以质量提升为其本质特征，并呈现质量提升、集约化管理、企业创新和人才培育等基本特点。

（2）外延式行为模式是基于内外部环境作用而做出的一种选择，促进了连锁商业企业的做大，但是其粗放式增长的短视效应和资源配置扭曲的风险威胁，使得企业在做大的同时没有必然变强，向内涵式转型成为连锁商业企业"做强"的唯一出路和选择。

（3）内涵式行为模式是企业内生增长的必然选择，促进企业自主经营能力的提升，其集约化管理的内生增长效应和连锁总部经济功能的放大管理效用，将进一步提升企业的竞争优势和竞争力，使连锁商业企业获得长效发展的动力。

第 5 章　转型期连锁商业企业竞争力测度分析

　　企业竞争力是衡量企业运行效率和效益的重要标准。竞争力测度是对连锁商业企业行为绩效进行的全面测评和衡量，是对企业战略实施结果的全面检验，其目的是发现不足，纠正偏差。因此，本质上，竞争力测度既是企业战略管控的手段，也是诊断企业目标、行为模式的有效方式。科学的竞争力测评指标体系和方法，将有助于企业发现问题，动态调整企业目标或行为，促进合理配置资源，提高企业绩效。本章在第 3 章、第 4 章分析的基础上，以"做强"战略为导向，构建出科学的连锁商业企业竞争力测评指标体系，旨在引导企业走出"以规模论竞争力"的误区，同时并以大中型连锁商业企业为样本，加以实证研究，最后对实证研究结果进行解析和讨论。

5.1　连锁商业企业竞争力测评指标体系设计

　　本节以"做强"企业为指导思想，运用主成分分析法，构建连锁商业企业竞争力测评指标体系，旨在引导连锁商业企业提升内涵建设，打造企业核心竞争力。

5.1.1　设计的指导思想与基本原则

1）指导思想

近年来，尽管对连锁商业企业竞争力测评的研究很多，但多以销售规模、门店数量等规模性指标构建评价体系，引导企业追求规模扩张，通过增加门店数量来提高其销售规模，增强其市场地位，导致一些企业陷入"规模不经济"的盲区。为使企业走向"做强"之路，本书以提升企业竞争力为目的，以合理配置资源、强化内涵建设为手段，构建连锁商业企业竞争力测评指标体系。

2）基本原则

以"做强"为指导思想的竞争力测评指标体系，其目的在于通过考量连锁商业企业竞争力的强弱，找出影响企业发展的症结及原因，引导企业改善其经营和管理，提升企业的竞争力。因此，在构建连锁商业企业竞争力测评指标体系时，需要坚持以下基本原则：

（1）科学性和系统性原则

根据测评目的，运用科学的方法构建科学合理的测评指标体系，客观真实、准确地反映连锁商业企业竞争力的实际水平，系统地考察连锁商业企业的总部资源配置能力、物流系统配送能力和门店市场服务能力的实际情况，引导企业正确处理发展中的"规模"与"质量"的关系。

（2）针对性和突出重点原则

连锁商业企业竞争力测评指标应围绕"做强"这一目的，有针对性地选取。同时，指标中应突出重点指标，即连锁商业有别于其他行业的核心指标，使重点指标能够简明地反映企业的竞争力状况，便于连锁商业企业进行自我诊断和改进。

（3）可衡量和可操作性原则

构建测评指标体系的目的在于应用评价指标体系工具，对连锁商业企业竞争力进行量化水平研究。因此，在测评指标体系的设计上，强调指标数据的易采集，对过于隐性的数据不做要求，强调在实践中易于操作、简单易行。

5.1.2　测度指标的选择

本书通过文献梳理方法，从总部资源配置、物流配送体系和门店市场服务三个方面入手，对连锁商业企业竞争力评价的基本因素进行梳理，并运用鱼刺图方法加以归类总结，以此初步构建了连锁商业企业竞争力评价指标体系。

1）基本因素的梳理和归类

本书以连锁商业企业竞争力测评指标设计的指导思想与基本原则为导向，在第2章和第4章研究的基础上，以总部资源配置力、物流系统配送力、门店市场服务力三个方面为研究维度，结合近年来学者们在企业竞争力、连锁商业企业竞争力评价体系等方面的文献成果，梳理出连锁商业企业竞争力评价的基本因素，见表5-1。

表 5-1　　　　　　　**连锁商业企业竞争力评价的基本因素**

基本因素	来源
＊资金资源	Grant（1991）；任剑新（2003）；张晓文等（2003）；张君芝等（2012）
人力资源	王崇彩（2012）；张晓文等（2003）；任剑新（2003）；罗剑宏、孙尉栋（2007）；董仕华（2012）；刘晓斌(2005)；李华方、杨凡(2006)
企业规模	任剑新（2003）；刘晓霞、王鸿雁（2007）；罗剑宏、孙尉栋（2007）；刘晓斌（2005）、耿长慧（2009）
信息资源	董仕华（2012）；刘晓斌(2005)；李华方、杨凡(2006)
＊市场地位	任剑新（2003）；罗剑宏、孙尉栋（2007）
＊企业战略	王建华、王方华（2002）；董仕华（2012）
流程管理	董仕华（2012）；李华方、杨凡(2006)
＊对物流的管控	丁欣（2005）；许良、王善坤（2011）
＊对门店的管控	董仕华（2012）
与供应商的关系	张东风（2005）；董仕华（2012）；徐印州、相晓伟（2010）

续表

基本因素	来源
＊与竞争对手的关系	任剑新（2003）；曾华、赵进（2003）
与政府的关系	张东风（2005）；董仕华（2012）
物流设备设施	许良、王善坤（2011）；王炳同等（2012）
物流信息化	许良、王善坤（2011）；张东风（2005）；王炳同等（2012）
仓储成本控制	张亚丽（2010）；罗剑宏、孙尉栋（2007）；张君芝等（2012）
配送成本控制	张亚丽（2010）；刘晓霞、王鸿雁（2007）
交付能力	Morashe（1996）；许良、王善坤（2011）
快速响应能力	Morashe（1996）；徐印州、相晓伟（2010）；姜薇、赵黎明（2006）
网点资源	张君芝等（2012）；刘晓霞、王鸿雁（2007）；梁健爱（2010）；徐印州、相晓伟（2010）
门店销售	董仕华（2012）；张君芝等（2012）；李华方、杨凡（2006）
品类服务	Roger R.Betancourt(2009)
交付服务	Roger R.Betancourt(2009)
环境服务	Roger R.Betancourt(2009)
区位服务	Roger R.Betancourt(2009)
信息服务	Roger R.Betancourt(2009)

说明：标注＊，表示与文献中的指标因素基本相近。

通过对文献的系统梳理，初步形成了连锁商业企业竞争力评价指标基本因素体系。本书运用鱼刺图（如图 5-1 所示），从总部资源配置力、物流系统配送力和门店市场服务力三大模块，对基本因素加以归类总结，发现上述基本因素可以进一步归结为要素资源、运营管理能力、网络关系能力、物流基础设施、物流成本控制能力、物流服务能力、门店发展能力和门店服务能力 8 个类别，形成"三力"模块研究维度和基本因素之间的另一个分析层次。

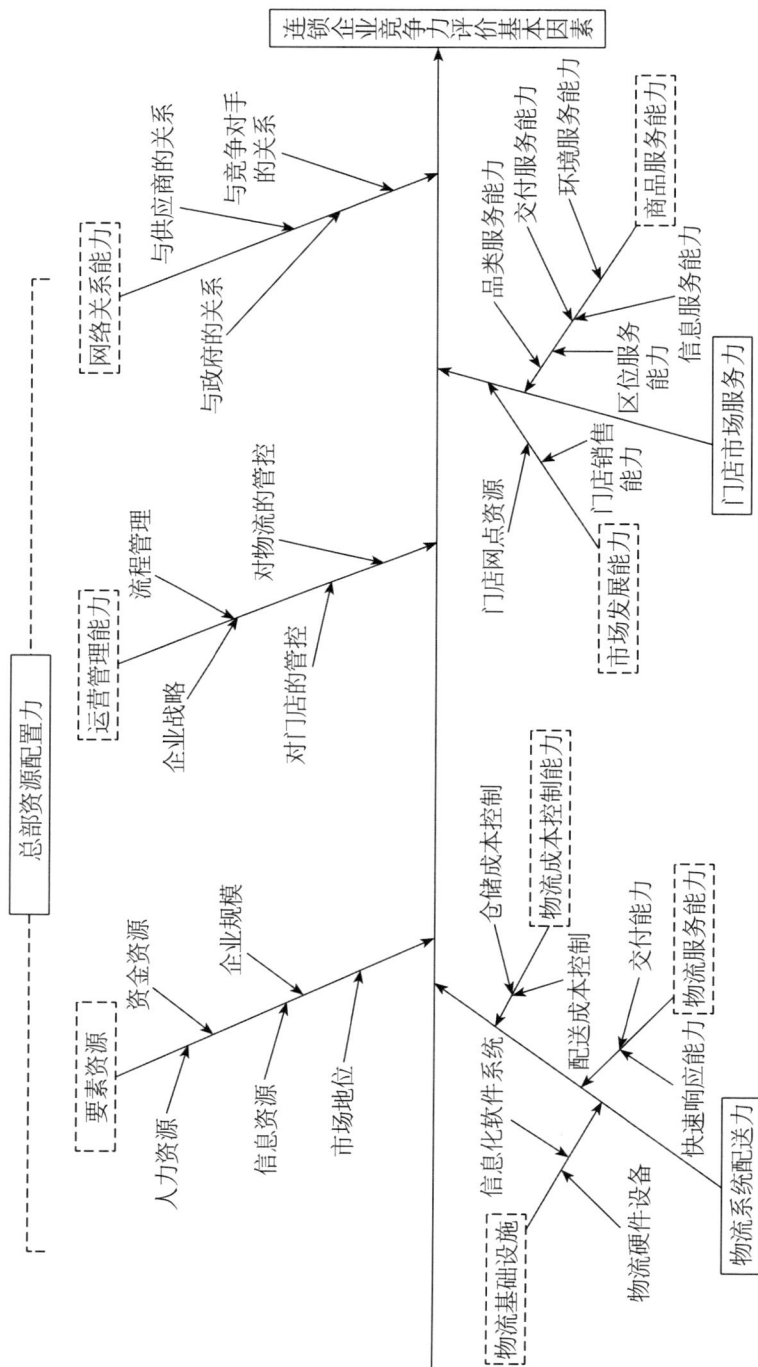

图 5-1　连锁商业企业竞争力评价的基本因素鱼刺图

2）基本因素的归类分析

通过对基本因素的梳理和归类，本书结合连锁商业企业经营管理活动的实际，对基本因素加以归类解析。

（1）总部资源配置力

连锁商业企业总部作为企业的核心管理机构，负责企业资源的开发、配置、使用和控制。总部资源配置力体现了连锁商业企业的业务领域、发展区域、运行效率和管理水平等，主要包含要素资源、运营管理能力和网络关系能力三个方面。

①要素资源。要素资源是企业竞争力的基础，连锁商业企业的要素资源主要包括资金资源、人力资源和其他资源。

资金资源是企业发展的重要财力保障。企业现有资金是否能够满足发展需要，对于连锁商业企业竞争力至关重要。本书选取连锁商业企业利润率、资产负债率和流动资金周转率[91]三个因素从不同角度对总部资金资源进行描述。其中，利润率能够反映企业的盈利能力，即资金再生能力；资产负债率反映了企业的负债能力，即企业利用外部资金的能力，但资产负债率过高也可能给企业带来负面影响；流动资金周转率反映了企业资金的利用效率，即资金周转越快，说明企业在一定时间内能使用的资金数量越多。

人力资源是企业发展的重要智力支撑。本书着重考察企业的人员质量而非数量，因此选取本科及以上学历人员比例、人力资源开发成本率[166]和中高层人力资本流动情况[95]三个因素衡量企业的人力资本质量。本科及以上学历人员比例反映的是企业高学历人员的比例，而受教育程度在一定程度上能够反映企业人员的综合素质和能力；人力资源开发成本率反映的是企业对员工培训的投入力度，在现实中，培训通常用于提升员工素质；中高层人力资本流动情况能够反映企业管理层的稳定程度，中高层人力资本流动程度越小，意味着企业的管理层越稳定。

其他资源主要包括除资金资源、人力资源以外可能对总部资源配置力产生影响的资源，如信息资源、企业规模（包括销售规模、人员规模）、市场地位等。

②运营管理能力。运营管理能力是连锁商业企业竞争力的核心能力，主要包括企业战略、流程管理、对物流的管控和对门店的管控四个方面。

企业战略关乎企业的经营理念、经营方针、业务领域、资源配置、权力分配、组织架构等一系列重大问题，是影响企业发展的重大决策。由于该评价因素不好测量，往往被忽视，因此鉴于该因素的重要性，本书将其作为分析性指标加以研究，主要从企业家精神[166]、鼓励创新、整体发展战略的制定、发展目标的可操作性及以往战略目标的完成效果[95]五个方面进行评价。企业家精神主要体现为企业战略制定过程中的风险偏向性；鼓励创新主要反映企业战略制定及实施过程中是否能够促进员工积极创新；整体发展战略的制定体现了总部是否具有整体战略发展观，能否统筹企业的整体发展；发展目标的可操作性反映了企业发展战略是否能够通过日常企业经营活动得以施行；以往战略目标的完成效果反映了企业战略对实际经营的引导效果及整体战略是否切合实际。

流程管理的科学性、先进性直接决定了连锁商业企业业务工作的通畅性和效率。本书从业务流程的清晰度和可操作性、标准化实施细则和业务流程调整[95]四个方面入手，对总部的流程管理能力进行评价。业务流程的清晰度和可操作性密切相关，业务流程越清晰，员工的实际操作越能达到标准化的目标。而在企业经营过程中，随着外部环境和企业发展阶段的演变，业务流程能否相应进行调整和改变，也是总部运营管理能力尤其是动态运营管理能力的重要体现。

对物流的管控是指总部对物流系统适应企业运营的管理与监控，对物流系统控制的缺乏会使总部和门店之间出现断裂，从而影响企业的整体运作。本书从物流系统类型、总部对物流过程的管控能力[167]和总部对物流系统的决策影响三个方面评价总部对物流的管控。其中，物流系统类型主要包括自有物流和外包物流。相比于外包物流，总部对自有物流的管控更强。

连锁商业企业实行总部统一管理和门店分散销售的管理模式，这种管理模式要求连锁总部对门店有较强的后台管控能力。本书从门店运营的自主程度、总部对门店监督的有效性和总部对门店决策的影响程度[95]三个方面着手，评价总部对门店的管控能力。门店运营的自主程度和总部对门店的控制程度呈反向关系，通常门店运营的自主程度越高，总部对门店的控制程度就越低。总部对门店监督的有效性能够在一定程度上反映总部对门店终端的控制力是否及时；总部对门店决策的影响程度反映了总部对门店决策施加影响的能力。

③网络关系能力。网络关系能力主要包含与供应商的关系、与政府的关系、与竞争对手的关系三个方面。

与供应商关系的好坏，直接影响企业的整体运营效果。本书从与供应商的议价能力、与供应商是否有战略合作关系[95]、供应商的稳定程度三个方面对企业与供应商的关系进行评价。与供应商的议价能力表明了企业在市场关系中所处的位置，议价能力越强，越偏向于买方主导。与供应商是否有战略合作关系反映了企业与供应商是否能够保持一种良性的供求关系，是否与供应商形成一种产品链的前后向联系。供应商的稳定程度体现了企业与供应商的关系是否稳定，是否具有持续性。

竞争对手的竞争行为和决策，在很大程度上会影响企业的经营决策。因此，本书从与竞争对手的实力差距、是否存在恶性竞争和是否有合作关系[168]三个方面评价企业与竞争对手的关系。与竞争对手的实力差距能够表明企业所处的市场地位。是否存在恶性竞争能够判断企业与竞争对手的关系，通常良性竞争对企业决策的影响相对较小，而恶性竞争有可能"迫使"企业做出"损人不利己"的经营决策，影响总部的资源配置。与竞争对手是否有合作关系，能够判断企业与竞争对手的关系是否存在良性的一面，或者说能否通过合作来实现共赢。

政府是商业规则的制定者和行政主管机构，其出台的商业政策对连锁商业企业的战略及策略制定有着极大的影响，因此与政府的关系会影响企业总部的资源配置。能够影响企业与政府关系的因素较多，本书选取了企业对政府活动的参与程度、政府的支持度、企业经营规范程度、公益事业贡献率[63]四个因素进行评价分析。

（2）物流系统配送力

物流系统配送力是指企业利用物流资源达到预定结果的能力[168]，反映了物流技术水平、配送速度、配送可靠性、对目标市场的响应速度和总配送成本[169]等，是连锁商业企业竞争力的基础能力，主要包含物流基础设施、物流成本控制能力和物流服务能力三个方面。

①物流基础设施。物流基础设施主要包括物流硬件设备和信息化软件系统。在物流硬件设备方面，主要考察物流配送中心数量[170]、物流配送固定资产数量、物流运输车辆数[167]和年物流配送量，并以此考量企业物流系统的配送范围、配送能力及规模等。在信息化软件系统方面，主要考察物流配送信息系统的投资额、信息系统覆盖面和信息系统效果[94]，并以此考量企业物流系统的信息化程度及企业物流是否因信息化而提高了配送效率。

②物流成本控制能力。连锁商业企业的物流成本控制主要包括仓储成本控制和配送成本控制两个方面。在仓储成本控制方面，主要考虑仓储成本占比和存货周转率[171]。通常存货周转率越高，意味着企业商品的仓储时间越短；商品仓储成本占比越小，说明企业物流系统的商品周转效率越高。在配送成本控制方面，主要考虑配送成本占比和配送空车率[172]。企业在物流配送过程中的车辆安排越好，配送效率越高，其对应的配送成本占比就相应下降。

③物流服务能力。连锁商业企业物流配送系统的服务能力主要体现在对连锁门店的交付能力和快速响应能力两个方面。物流系统对连锁门店的交付能力是考核连锁商业企业物流配送系统交付能力的关键指标。对于鲜活商品来说，这一指标尤为重要，提前或之后送达都将带来损失，或占用企业资源或造成门店商品短缺。在物流系统对门店的交付能力方面，主要考察物流系统对门店订单的处理能力、交货速度及交货的准确性[173]，这三个因素表现越好，意味着物流系统对门店的交付服务能力越强。在物流系统对连锁门店的快速响应能力方面，着重考察在特殊情况下物流系统对门店需求变化的快速反应能力、节假日的物流调整能力和对门店投诉的快速处理能力。这三个因素的表现越好，意味着企业物流配送系统对配送要求的适应性越强，物流服

务能力越高。

（3）门店市场服务力

门店市场服务力体现了连锁商业企业的市场定位、经营政策、运行效率和管理水平，是连锁商业企业竞争力的关键能力，主要包括门店发展能力和门店服务能力。

①市场发展能力。该能力能够表现连锁商业企业对外扩张的规模能力和发展潜力，本书主要通过门店网点资源及门店销售能力来评价现有门店的市场发展能力。通过企业现有门店网点数量和营业面积来表示门店网点资源；通过销售坪效[174]、销售额增长[90]、顾客忠诚度和顾客满意度[97]四个因素来评价门店销售能力。其中，网点数量和营业面积能够显示企业规模；销售坪效能够评价企业的经营绩效；销售额增长可以看出企业门店的增长潜力；顾客忠诚度和顾客满意度能够保证企业经营的持续性。

②商品服务能力。该能力主要通过品类服务能力、交付服务能力以及环境等软服务能力来体现。其中，品类服务能力包括网点商品品种的丰富程度、单一品种商品的品牌丰富程度、单一品种商品的质量跨度[175]三个部分；交付服务能力主要包括商品是否现货供应及排队等候时间[176]两个方面；环境等软服务能力主要通过购物环境满意度[176]、员工服务态度、卖场布置和门店投诉率四个方面体现。

5.1.3　指标体系的构建

基于上述，本书初步构建了连锁商业企业竞争力评价指标体系，见表 5-2。为了更准确地描述三级指标，本书在前文对三级指标内部描述的基础上，根据三级指标对应的基本因子设置问题，将通过主成分分析法所得的数值作为三级指标的得分。这种做法相比于传统单一问题测度三级指标的好处在于，能够从各个角度对某一个指标进行表述，在一定程度上避免了因问题选择的偏向所导致的测量误差。构建的连锁商业企业竞争力评价指标体系，虽然具有一定的理论基础，但同样具有相对的主观性，因此本书通过企业问卷调查（见附录 1），并运用主成分分析法对该指标体系进行适度调整，使其更具有实践操作性。

表 5-2   连锁商业企业竞争力评价指标体系

一级指标	二级指标	三级指标	基本因子
总部资源配置力	要素资源	资金资源	利润率、资产负债率、流动资金周转率
		人力资源	本科及以上学历人员比例、人力资源开发成本率、中高层人力资本流动情况
		其他资源	销售规模、人员规模、信息资源、市场地位
	运营管理能力	企业战略	企业家精神、鼓励创新、整体发展战略的制定、发展目标可操作性、以往战略目标的完成效果
		流程管理	业务流程的清晰度和可操作性、标准化实施细则、业务流程调整
		对物流的管控	物流系统类型、总部对物流过程的管控能力、总部对物流系统的决策影响
		对门店的管控	门店运营的自主程度、总部对门店监督的有效性、总部对门店决策的影响程度
	网络关系能力	与供应商的关系	与供应商的议价能力、与供应商是否有战略合作关系、供应商的稳定程度
		与竞争对手的关系	与竞争对手的实力差距、与竞争者是否存在恶性竞争、与竞争者是否有合作关系
		与政府的关系	企业对政府活动的参与程度、政府的支持度、企业经营规范程度、公益事业贡献率

续表

一级指标	二级指标	三级指标	基本因子
物流系统配送力	物流基础设施	物流硬件设备	物流配送中心数量、物流配送固定资产数量、物流运输车辆数、年物流配送量
		信息化软件系统	信息系统的投资额、信息系统覆盖面、信息系统效果
	物流成本控制能力	仓储成本控制	仓储成本占比、存货周转率
		配送成本控制	配送成本占比、配送空车率
	物流服务能力	交付能力	物流系统对门店订单的处理能力、交货速度、交货的准确性
		快速响应能力	物流系统对门店需求变化的快速反应能力、节假日的物流调整能力、对门店投诉的快速处理能力
门店市场服务力	市场发展能力	门店网点资源	网点数量、营业面积
		门店销售能力	销售坪效、销售额增长、顾客忠诚度、顾客满意度
	商品服务能力	品类服务能力	商品品种的丰富程度、单一品种商品的品牌丰富程度、单一品种商品的质量跨度
		交付服务能力	是否现货供应、排队等候时间
		软服务能力	购物环境满意度、员工服务态度、卖场布置、门店投诉率

5.2 连锁商业企业竞争力评价指标体系的调整

本节在调研的基础上，基于二级指标和一级指标，运用主成分分析法，对构建的竞争力评价指标体系的相应指标进行调整，力图获取一个理论结合实际、具有较强操作性的连锁商业企业竞争力评价指标体系。

5.2.1 问卷设计与样本选择

根据上节设定的连锁商业企业竞争力评价指标体系中三级指标的基本因子，对调查问卷进行设计。由于部分竞争力测评指标较为敏感，涉及商业机密，为获取较好的问卷回收率，将调查问卷设计成两部分：选择题和填空题。其中，选择题为问卷主体，设置为 Likert 五点量表计分方式，按照问卷填写者对选择题表述的同意程度进行赋值，"非常不同意"赋值为 1，"不同意"赋值为 2，"不一定"赋值为 3，"同意"赋值为 4，"非常同意"赋值为 5。填空题题量较少，主要涉及企业基本情况以及部分或全部公开的企业数据，包括企业从业人数、销售额等。

根据我国连锁商业企业的发展实际，本书采取判断抽样方法，主要针对全国发展较快的连锁超市、百货、家电专业店、专卖店和家居建材店五种业态的 160 家大中型连锁商业企业发放了调查问卷。为了保证问卷结构的合理性，作者对问卷设计采取了初步设计、专家访谈、修改、测试性发放、再修改、确定问卷的整体调整过程，于 2012 年 2 月—2012 年 5 月，通过实地访谈和 E-mail 等方式，共发放问卷 160 份，回收 122 份，回收率为 76.25%，其中有效问卷 108 份，问卷有效率达 88.52%。

5.2.2 数据分析

本书在对问卷进行分析的过程中，避免使用问题得分的平均值评价三级指标，每一步分析都使用主成分分析法，使得不同问题对应于三级指标的权重不同，从而突显出不同问题的设置对三级指标重要性的差异，并及时去除对指标影响不明显的问题。研究过程中，使用 SPSS17.0 统计软件对回收的有效问卷进行统计分析，采用 Cronbach's Alpha 系数对指标内部的一致性进行分析，利用 KMO 和 Bartlett 统计值来检验指标内部的效度，即所选题项是否能够代表所要测量的内容。当测试问题的载荷系数均大于 0.50 时，通过主成分分析法将同一指标的问题合并为一个指标进行后续研究，当载荷系数在各因子中所占份额均较小时，意味着该问题对相应指标的表述能力不足，在后续研究中应删除该问题，对连锁商业企业竞争力调查问卷进行相应的调整。对于填写的具体数据和赋值之间存在的数量级问题，用自然对数进行相应的处理。

1）总部资源配置力

（1）要素资源

在使用主成分分析法和方差极大正交旋转方法对要素资源指标下对

应的问卷问题进行分析，结果发现提取出四个因子，其中一个因子仅仅对应于第 25 题，且旋转载荷因子过小，故删除该题（见表 5-3），对剩余的问题重新进行主成分分析，同时进行信度和效度检验，分析结果见表 5-4。资金资源、人力资源和其他资源所对应的 Cronbach's Alpha 系数均超过 0.70，问题具有内部一致性，同时 KMO 值大于 0.5，Bartlett 值小于 Cronbach's Alpha 系数，要素资源指标对应问题的信度和效度较好（见附录 2 的附表 2）。资金资源、人力资源和其他资源所对应的三大因子能够解释方差的 72.293%，我们将三大因子的得分进行保存，以便进一步分析。

表 5-3 要素资源题号

二级指标	三级指标	题号
要素资源	资金资源	1、2、3
	人力资源	4、5、6、23
	其他资源	7、8、9、24、（25）

注：括号内题号表示该题最终在分析中剔除。

表 5-4 要素资源分析结果

三级指标	题号	描述性统计		因子载荷系数	Cronbach's Alpha 系数
		均值	标准差		
资金资源	1	1.899	0.195	0.705	0.781
	2	4.008	0.059	0.874	
	3	3.157	0.172	0.783	
人力资源	4	2.140	0.186	0.802	0.776
	5	0.381	0.106	0.745	
	6	6.512	0.587	0.855	
	23	4.000	0.117	0.602	
其他资源	7	8.307	0.282	0.900	0.784
	8	12.399	0.342	0.931	
	9	2.704	0.134	0.688	
	24	4.200	0.155	0.741	

（2）运营管理能力

在使用主成分分析和方差极大正交旋转方法对运营管理能力指标下对应的问卷问题进行分析，结果发现第 26 题、第 35 题和第 36 题对应各因子的旋转载荷因子均过小，故删除这三题（见表 5-5）。同时发现第 35 题和第 36 题对应运营管理能力下的"对物流的管控"，因此有理由认为，对物流的管控并不能较好体现或解释总部的运营管理能力，故在连锁商业企业竞争力指标评价体系中应将三级指标"对物流的管控"删除。对剩余的问题重新进行主成分分析，同时进行信度和效度检验，分析结果见表 5-6。企业战略、流程管理和对门店的管控所对应的 Cronbach's Alpha 系数均超过 0.70，问题具有内部一致性，同时 KMO 值大于 0.5，Bartlett 值小于 Cronbach's Alpha 系数，运营管理能力指标对应问题的信度和效度较好（见附录 2 的附表 3）。企业战略、流程管理和对门店的管控对应的三大因子能够解释方差的 79.610%，将三大因子的得分进行保存，以便进一步分析。

表 5-5　　　　　　　　　　运营管理能力题号

二级指标	三级指标	题号
运营管理能力	企业战略	（26）、27、28、29、30
	流程管理	31、32、33、34
	对物流的管控	（35）、（36）
	对门店的管控	37、38、39

注：括号内题号表示该题最终在分析中剔除。

表 5-6　　　　　　　　　　运营管理能力分析结果

三级指标	题号	描述性统计		因子载荷系数	Cronbach's Alpha 系数
		均值	标准差		
企业战略	27	2.133	0.681	0.828	0.742
	28	4.200	0.664	0.784	
	29	3.933	0.583	0.852	
	30	3.967	0.615	0.765	

续表

三级指标	题号	描述性统计		因子载荷系数	Cronbach's Alpha 系数
		均值	标准差		
流程管理	31	3.933	0.691	0.821	0.848
	32	3.767	0.504	0.700	
	33	0.867	0.571	0.870	
	34	3.967	0.490	0.593	
对门店的管控	37	4.067	0.640	0.904	0.914
	38	4.200	0.551	0.788	
	39	4.200	0.551	0.881	

（3）网络关系能力

在使用主成分分析和方差极大正交旋转方法对网络关系能力指标下对应的问卷问题进行分析，结果发现第 42 题、第 43 题、第 45 题、第 48 题和第 50 题对应各因子的旋转载荷因子均过小，故删除这五题，剩下每个三级指标对应两个问题（见表 5-7）。对剩余的问题重新进行主成分分析，同时进行信度和效度检验，分析结果见表 5-8。与供应商的关系、与竞争对手的关系和与政府的关系所对应的 Cronbach's Alpha 系数均超过 0.70，问题具有内部一致性，同时 KMO 值大于 0.5，Bartlett 值小于 Cronbach's Alpha 系数，网络关系能力指标对应问题的信度和效度较好（见附录 2 的附表 4）。与供应商的关系、与竞争对手的关系和与政府的关系所对应的三大因子能够解释方差的 76.428%，将三大因子的得分进行保存，以便进一步分析。

表 5-7   网络关系能力题号

二级指标	三级指标	题号
网络关系能力	与供应商的关系	40、41、（42）、（43）
	与竞争对手的关系	44、（45）、46
	与政府的关系	47、（48）、49、（50）

注：括号内题号表示该题最终在分析中剔除。

表 5-8　　　　　　　　　　　　　**网络关系能力分析结果**

三级指标	题号	描述性统计		因子载荷系数	Cronbach's Alpha 系数
		均值	标准差		
与供应商的关系	40	3.833	0.531	0.780	0.739
	41	3.167	0.950	0.836	
与竞争对手的关系	44	3.433	0.728	0.898	0.726
	46	2.733	0.785	0.845	
与政府的关系	47	4.067	0.521	0.871	0.746
	49	4.233	0.504	0.893	

2）物流系统配送力

在物流系统配送力部分的问卷中出现了一定的问题，原因有两个方面：一是不同连锁商业企业的物流系统类型不同，拥有自有物流配送系统的连锁商业企业对物流系统的了解相对清晰，问卷完整度较高，而物流系统外包的连锁商业企业对物流系统并不了解，问卷完整度较差；二是部分企业对于物流系统相应指标的统计不足，即对自身物流系统配送能力的掌握并不全面。基于此，前面所设定的连锁商业企业竞争力测评指标体系中的物流系统配送力指标就不能全面正确地反映相应连锁商业企业竞争力的强弱。通过对问卷和现实中连锁商业企业的物流操作流程的分析，将物流系统配送力的评价指标进行相应简化调整，根据问卷实际回答情况将原先的物流基础设施、物流成本控制能力和物流服务能力三个二级指标简化为物流运送能力和物流服务能力两个二级指标，以兼顾自有物流和外包物流的配送能力测度。同时，由于物流系统类型属于属性问题，具体赋值难以解释经济意义，因此在物流系统配送力中，未将物流系统类型指标（问题 10）纳入评价指标体系中，简化后的物流系统配送力评价指标见表 5-9。

表 5-9 物流系统配送力评价指标

一级指标	二级指标	三级指标	题号
物流系统配送力	物流运送能力	信息化程度	51、52
		配送成本控制	53
	物流服务能力	交付能力	54、55、56
		快速响应能力	57、58、59

（1）物流运送能力

使用主成分分析和方差极大正交旋转方法对运送能力指标下对应的问卷问题（见表 5-10）进行分析，同时进行信度和效度检验，分析结果见表 5-11。信息化程度所对应的 Cronbach's Alpha 系数超过 0.70，问题具有内部一致性，同时 KMO 值大于 0.5，Bartlett 值小于 Cronbach's Alpha 系数，物流运送能力指标对应问题的信度和效度较好（见附录 2 的附表 6）。两大因子能够解释方差的 94.860%，将两大因子的得分进行保存，以便进一步分析。

表 5-10 物流运送能力题号

二级指标	三级指标	题号
物流运送能力	信息化程度	51、52
	配送成本控制	53

表 5-11 物流运送能力分析结果

三级指标	题号	描述性统计		因子载荷系数	Cronbach's Alpha 系数
		均值	标准差		
信息化程度	51	3.833	0.747	0.930	0.901
	52	3.933	0.583	0.944	
配送成本控制	53	2.433	0.626	0.976	—

注：使用单个问题表示某一指标不存在内部一致性的测算，即无 Cronbach's Alpha 系数，后文同理。

（2）物流服务能力

使用主成分分析和方差极大正交旋转方法对物流服务能力指标下对

应的问卷问题进行分析，结果发现第 59 题对应各因子的旋转载荷因子过小，故删除该题，各指标对应题号见表 5-12。同时进行信度和效度检验，分析结果见表 5-13。交付能力和快速响应能力所对应的 Cronbach's Alpha 系数均超过 0.70，问题具有内部一致性，同时 KMO 值大于 0.5，Bartlett 值小于 Cronbach's Alpha 系数，物流服务能力指标对应问题的信度和效度较好（见附录 2 的附表 7）。两大因子能够解释方差的 83.894%，将两大因子的得分进行保存，以便进一步分析。

表 5-12   **物流服务能力题号**

二级指标	三级指标	题号
物流服务能力	交付能力	54、55、56
	快速响应能力	57、58、（59）

（注：表中括号内题号表示该题最终在分析中剔除）

表 5-13   **物流服务能力分析结果**

三级指标	题号	描述性统计		因子载荷系数	Cronbach's Alpha 系数
		均值	标准差		
交付能力	54	3.967	0.556	0.788	0.808
	55	3.800	0.551	0.794	
	56	3.767	0.679	0.829	
快速响应能力	57	3.833	0.648	0.946	0.979
	58	3.867	0.629	0.941	

3）门店市场服务力

（1）市场发展能力

在问卷中，设计了"企业门店总数"、"一级城市门店数量"和"二级城市门店数量"三个问题，除了考查门店总体资源外，也期望通过其分布考查对连锁商业企业竞争力的影响。但问卷中后两个问题的回答效果较差，相当部分的问卷出现了空白，部分填表者反应并未对门店分布进行系统统计或认为涉及商业机密，因此在连锁商业企业竞争力评价体系中删除第 21 题和第 22 题，留下"企业门店总数"来衡量连锁商业企业门店网点资源，见表 5-14。使用主成分分析和方差极大正交旋转方法对市场发展能力指标下对应的问卷问题进行分析，同时进行信度和效度检验，分析结果见表 5-15。门店销售能力对应的 Cronbach's Alpha 系数超过 0.70，问题具有内部一致性，同时 KMO 值大于 0.5，Bartlett 值小于 Cronbach's Alpha 系数，门店销售能力指标对应问题的信度和效度较好（见附录 2 的附表 9）。两大因子能够解释方差的 66.800%，将两大因子的得分进行保存，以便进一步分析。

表 5-14　　　　　　　　　　　**市场发展能力题号**

二级指标	三级指标	题号
市场发展能力	门店网点资源	20、（21）、（22）
	门店销售能力	9、60、61

注：括号内题号表示该题最终在分析中剔除。

表 5-15　　　　　　　　　　　**市场发展能力分析结果**

三级指标	题号	描述性统计		因子载荷系数	Cronbach's Alpha 系数
		均值	标准差		
门店网点资源	20	4.466	1.886	0.771	—
门店销售能力	9	2.704	0.732	0.813	0.817
	60	4.267	0.450	0.831	
	61	3.733	0.785	0.837	

（2）商品服务能力

使用主成分分析和方差极大正交旋转方法对商品服务能力指标下对应的问卷问题进行分析，结果发现第 64 题和第 69 题对应各因子的旋转载荷因子均过小，故删除该题（见表 5-16）。同时进行信度和效度检验，分析结果见表 5-17。品类服务能力、交付服务能力和软服务能力所对应的 Cronbach's Alpha 系数均超过 0.70，问题具有内部一致性，同时 KMO 值大于 0.5，Bartlett 值小于 Cronbach's Alpha 系数，商品服务能力指标对应问题的信度和效度较好（见附录 2 的附表 10）。三大因子能够解释方差的 71.848%，将三大因子的得分进行保存，以便进一步分析。

表 5-16   **商品服务能力题号**

二级指标	三级指标	题号
	品类服务能力	62、63、（64）
商品服务能力	交付服务能力	65、66
	软服务能力	67、68、（69）、70

注：括号内题号表示该题最终在分析中剔除。

表 5-17   **商品服务能力分析结果**

三级指标	题号	描述性统计		因子载荷系数	Cronbach's Alpha 系数
		均值	标准差		
品类服务能力	62	4.133	0.507	0.732	0.873
	63	3.967	0.615	0.686	
交付服务能力	65	3.967	0.490	0.776	0.717
	66	3.233	0.626	0.899	
软服务能力	67	4.067	0.450	0.615	0.775
	68	1.933	0.450	0.828	
	70	3.933	0.365	0.790	

5.2.3 指标体系的调整

1）基于一级指标的数据分析

在上文基于二级指标的数据分析中，在每一步主成分分析中得到了以问卷问题为基础计算的三级指标得分，接下来本书将基于一级指标进行数据分析，对三级指标再次进行主成分分析，以验证连锁商业企业竞争力评价指标体系的结构是否合理。同样，使用主成分分析和方差极大正交旋转方法对三个一级指标下对应的三级指标进行分析，同时进行信度和效度检验，分析结果见表 5-18。由于在前文主成分分析中获得的三级指标得分已经被标准化（服从均值为 0、标准差为 1 的标准正态分布），因此这里不再列出相应指标的均值和标准差。

表5-18   基于一级指标的数据分析结果

一级指标	二级指标	三级指标	因子载荷系数	方差贡献率（%）	Cronbach's Alpha系数
总部资源配置力	要素资源	资金资源	0.804	66.699	0.608
		人力资源	0.548		
		其他资源	0.625		
	运营管理能力	企业战略	0.842		0.776
		流程管理	0.630		
		对门店的管控	0.840		
	网络关系能力	与供应商的关系	0.733		0.689
		与竞争对手的关系	0.721		
		与政府的关系	0.778		
物流系统配送力	成本控制能力	配送成本控制	0.725	65.747	—
	物流服务能力	信息化程度	0.865		0.603
		交付能力	0.584		
		快速响应能力	0.658		
门店市场服务力	市场发展能力	门店网点资源	0.732	78.133	0.717
		门店销售能力	0.740		
	商品服务能力	品类服务能力	0.881		0.639
		交付服务能力	0.798		
		软服务能力	0.976		

总部资源配置力对应的三级指标被归类为三个因子，其中因子1包括"资金资源"、"人力资源"和"其他资源"，对应于二级指标"要素资源"；因子2包含"企业战略"、"流程管理"和"对门店的控制"，对应于二级指标"运营管理能力"；因子3包含"与供应商的关系"、"与竞争对手的关系"和"与政府的关系"，对应于二级指标"网络关系能力"。这三个二级指标总共能够解释总部资源配置力的66.699%。物流系统配送力对应的四个三级指标在主成分分析中被归类为两个因子，其中因子1包含"信息化程度"、"交付能力"和"快速响应能力"三个指标，因子2包含"配送成本控制"一个指标，与原先的评价体系设想存在差异。实际上，连锁商业企业物流系统的信息化程度能在很大程度上提高物流系统的配送服务能力，基于此，因子1应当对应于二级指标中的"物流服务能力"，因子2对应于二级指标中的"物流运送能力"。而考虑到"物流运送能力"下只剩余一个三级指标，"物流运送能力"的名称应与三级指标统一，故改为"成本控制能力"。这两个二级指标总共能够解释物流系统配送力的65.747%。门店市场服务力对应的五个三级指标在主成分分析中被归类为两个因子，其中因子1包含"门店网点资源"和"门店销售能力"，对应于二级指标"市场发展能力"；因子2包含"品类服务能力"、"交付服务能力"和"软服务能力"，对应于二级指标"商品服务能力"。这两个二级指标总共能够解释门店市场服务力的78.133%。在每一步主成分分析过程中，将相应的二级指标因子得分保留，以便下文对连锁商业企业竞争力的进一步分析。

2）指标体系的确立

综上所述，通过问卷调查的方式对连锁商业企业竞争力评价指标体系进行了相应的调整，变动部分主要集中在"物流系统配送力"对应的下级指标中，其余一级指标对应的下级指标存在微调。这一方面说明对于连锁商业企业物流系统配送力的衡量存在困难，另一方面说明部分连锁商业企业对于物流系统这一连接总部和门店的重要节点认识不够。调整后的连锁商业企业竞争力评价指标体系见表5-19（连锁商业企业竞争力测评的基础数据见附录3）。

表 5-19   **调整后的连锁商业企业竞争力评价指标体系**

一级指标	二级指标	三级指标	测评因子
总部资源配置力	要素资源	资金资源	利润率
			资产负债率
			流动资金周转天数
		人力资源	本科及以上学历人员比例
			人力资源开发成本率
			中高层人力资本流动性
		其他资源	销售规模
			市场份额
	运营管理能力	企业战略	鼓励创新
			整体发展战略的制定
			发展目标的可操作性
			以往战略目标的完成效果
		流程管理	业务流程的清晰度
			业务流程的可操作性
			业务流程的标准化
			业务流程调整
		对门店的管控	门店运营的自主程度
			总部对门店监督的有效性
			总部对门店决策的影响程度
	网络关系能力	与供应商的关系	与供应商的议价能力
			与供应商是否有战略合作关系
			供应商的稳定程度
		与竞争对手的关系	与竞争对手的实力差距
			与竞争对手是否有合作关系
		与政府的关系	政府活动的参与程度
			企业经营规范程度

一级指标	二级指标	三级指标	测评因子
物流系统配送力	成本控制能力	配送成本控制	配送成本占比
			配送空车率
	物流服务能力	信息化程度	信息系统覆盖面
			信息系统效果
		交付能力	对门店订单的处理能力
			交货速度
			交货的准确性
		快速响应能力	对门店需求变化的快速反应能力
			节假日的物流调整能力
门店市场服务力	市场发展能力	门店网点资源	门店网点数量
		门店销售能力	销售额增长
			顾客忠诚度
	商品服务能力	品类服务能力	网点商品品种的丰富程度
			单一品种商品的品牌丰富程度
		交付服务能力	是否现货供应
			排队等候时间
		软服务能力	购物环境满意度
			员工服务态度
			门店投诉率

5.3　连锁商业企业竞争力测评的典型个案研究

　　本书在构建连锁商业企业竞争力测评指标体系的基础上，通过对典型案例的研究，分析企业竞争力存在的问题，探析企业竞争力提升的路

径。个案研究是从实践角度对连锁商业企业竞争力进行客观评价，同时
也是对前文竞争力测评指标体系的反馈。在个案分析中，对连锁商业企
业竞争力的主要影响因素的探索，能够为中国连锁商业企业竞争力提升
起到重要的参考和借鉴意义。

5.3.1 个案企业选择

中国连锁商业企业经过多年的发展，在与外资企业长期竞争的过程
中涌现出了一批具有较高水准和市场竞争力的连锁商业企业，创造了较
好的社会和经济效益。本书以个案研究的典型性和可比性为原则，选取
了 A 公司、B 公司和 C 公司三家企业作为研究对象（见表 5-20），对
其竞争力进行比较评价，这样既能反映连锁商业企业的真实竞争力，又
能与前文连锁商业企业竞争力测评指标体系相契合，从而为连锁商业企
业竞争力提升路径提供案例依据。

表 5-20 　　　　　　　**个案企业历年中国连锁百强排名**

企业名称	2011年中国连锁百强排名	2010年中国连锁百强排名	2009年中国连锁百强排名	2008年中国连锁百强排名
A公司	55	45	54	52
B公司	60	59	56	56
C公司	66	66	69	64

①选择的三家企业作为个案研究，具备个案研究的典型性：第一，
符合研究范畴。三家连锁商业企业均为区域内发展比较好的企业，近年
来一直稳居中国连锁经营协会发布的连锁百强排行榜中游地位，具有一
定的研究层次，且三家企业在区域内具有较强社会影响力、管理能力和
市场开拓能力，保持了企业的市场竞争地位。第二，符合研究边界设定
条件。三家企业均以零售为主业，其连锁商业特质鲜明，并且一直突出
主要业态谋求发展，通过 10 多年的发展成功跻身于全国连锁百强之列。

②选择的三家企业作为个案研究，具备个案研究的可比性：第一，
数据可比性。三家企业均为上市公司，相关数据采集容易，且其在此次
调研中提供了大量的翔实数据，保证了个案研究的真实性、可靠性、全

面性。第二，业态可比性。三家企业的主要业态分别为：百货+超市+专业店、超市+便利店、百货+超市。第三，规模可比性。近三年，三家企业连续居中国连锁百强排行榜单中游，且排名比较靠近。

5.3.2 测评分析

在前文，本书已经建立了连锁商业企业竞争力测评指标体系并基于主成分分析法进行了相应的调整，故而在此运用调整后的连锁商业企业竞争力测评指标体系对三家企业的竞争力进行评价分析。

1）测评内容

调整后的连锁商业企业竞争力测评指标体系，共分为三个一级指标：总部资源配置力、物流系统配送力和门店服务力；七个二级指标：要素资源、运营管理能力、网络关系能力、成本控制能力、物流服务能力、市场发展能力和商品服务能力；进一步细分为十八个三级指标。

由于连锁商业企业竞争力各观测因素（三级指标）在竞争力体系中的作用存在差异，因此在进行连锁商业企业竞争力测评时需要对其分别赋予权重。而主成分分析法是一种客观的因素权重赋予方法，因此我们将上面分析中所得到的因子载荷作为权重分别赋予各因素。

根据主成分分析法，一级指标因素权重集 W 为：

W ={总部资源配置力（W_1），物流系统配送力(W_2)，门店市场服务力（W_3)}
　 ={0.696，0.718，0.969}

二级指标因素权重集 W_i（i=1，2，3）为：

W_1 ={要素资源（W_{11})，运营管理能力（W_{12})，网络关系能力（W_{13})}
　 ={0.659，0.883，0.664}

W_2 ={成本控制能力（W_{21})，物流服务能力（W_{22})}
　 ={0.715，0.613}

W_3 ={市场发展能力（W_{31})，商品服务能力（W_{32})}
　 ={0.901，0.834}

三级指标因素权重集 W_{ij}（i=1，2，3；j=1，2，3）为：

W_{11} ={资金资源（W_{111})，人力资源（W_{112})，其他资源（W_{113})}
　　 ={0.804，0.548，0.625}

$W_{12} = \{$企业战略（W_{121}），流程管理（W_{122}），对门店的管控（W_{123}）$\}$

$\qquad = \{0.842, 0.630, 0.840\}$

$W_{13} = \{$与供应商的关系（W_{131}），与竞争对手的关系（W_{132}），与政府的关系（W_{133}）$\}$

$\qquad = \{0.733, 0.721, 0.778\}$

$W_{21} = \{$配送成本控制（W_{211}）$\} = \{0.725\}$

$W_{22} = \{$信息化程度（W_{221}），交付能力（W_{222}），快速响应能力（W_{223}）$\}$

$\qquad = \{0.865, 0.584, 0.658\}$

$W_{31} = \{$门店网点资源（W_{311}），门店销售能力（W_{312}）$\}$

$\qquad = \{0.732, 0.740\}$

$W_{32} = \{$品类服务能力（W_{321}），交付服务能力（W_{322}），软服务能力（W_{323}）$\}$

$\qquad = \{0.881, 0.798, 0.976\}$

因此，可将各级指标对应的因子载荷（权重）总结为表 5-21。

表 5-21 　　　　　　　　连锁商业企业竞争力测评的指标权重表

一级指标	因子载荷	二级指标	因子载荷	三级指标	因子载荷	题号	因子载荷
W_1	0.696	W_{11}	0.659	W_{111}	0.804	1	0.705
						2	0.874
						3	0.783
				W_{112}	0.548	4	0.802
						5	0.745
						6	0.855
						23	0.602
				W_{113}	0.625	7	0.900
						8	0.931
						9	0.688
						24	0.741
		W_{12}	0.883	W_{121}	0.842	27	0.828
						28	0.784
						29	0.852
						30	0.765
				W_{122}	0.630	31	0.821
						32	0.700
						33	0.870
						34	0.593

续表

一级指标	因子载荷	二级指标	因子载荷	三级指标	因子载荷	题号	因子载荷
W_1	0.696	W_{12}	0.883	W_{123}	0.840	37	0.904
						38	0.788
						39	0.881
		W_{13}	0.664	W_{131}	0.733	40	0.780
						41	0.836
				W_{132}	0.721	44	0.898
						46	0.845
				W_{133}	0.778	47	0.871
						49	0.893
W_2	0.718	W_{21}	0.715	W_{211}	0.725	53	0.976
		W_{22}	0.613	W_{221}	0.865	51	0.930
						52	0.944
				W_{222}	0.584	54	0.788
						55	0.794
						56	0.829
				W_{223}	0.658	57	0.946
						58	0.941
W_3	0.969	W_{31}	0.901	W_{311}	0.732	20	0.771
				W_{312}	0.740	9	0.813
						60	0.831
						61	0.837
		W_{32}	0.834	W_{321}	0.881	62	0.732
						62	0.686
				W_{322}	0.798	65	0.776
						66	0.899
				W_{323}	0.976	67	0.615
						68	0.828
						70	0.790

同时，在计算个案企业竞争力时还必须考虑两个问题：一是由于问卷包括具体数据和 Likert 五点量表两个部分，可能导致数据间的不可比性，因此在企业竞争力评价过程中将对各级指标进行标准化处理，以剔除单位差异可能带来的影响；二是由于各级指标并不能完全解释对应的上级指标，每级指标中均存在一定的残差无法解释，因此在计算企业竞争力时，必须同时考虑主成分分析过程中的各级方差贡献率。

2）测评结果分析

本书通过对三家公司的竞争力进行测评，得到以下测评结果，见表 5-22、表 5-23、表 5-24。

表 5-22 　　　　　　个案企业三级指标得分表（分）

三级指标		A公司	B公司	C公司
W_{111}	资金资源	0.48	−0.01	0.98
W_{112}	人力资源	0.23	1.17	−0.24
W_{113}	其他资源	0.15	−0.08	0.27
W_{121}	企业战略	1.48	−0.16	0.05
W_{122}	流程管理	0.01	0.50	1.89
W_{123}	对门店的管控	1.21	1.55	−0.10
W_{131}	与供应商的关系	−0.74	−0.56	0.63
W_{132}	与竞争对手的关系	1.30	−1.69	1.76
W_{133}	与政府的关系	1.77	2.06	2.37
W_{211}	配送成本控制	0.92	2.13	1.74
W_{221}	信息化程度	0.21	1.41	−0.31
W_{222}	交付能力	−0.65	1.27	1.95
W_{223}	快速响应能力	0.88	0.94	1.31
W_{311}	门店网点资源	−0.52	1.09	0.75
W_{312}	门店销售能力	2.00	0.43	0.47
W_{321}	品类服务能力	0.74	1.08	1.36
W_{322}	交付服务能力	−0.68	−0.30	−0.06
W_{323}	软服务能力	1.97	2.17	−0.43

表 5-23 **个案企业二级指标得分表（分）**

二级指标		A公司	B公司	C公司
W_{11}	要素资源	0.72	0.70	0.63
W_{12}	运营管理能力	2.59	1.70	1.30
W_{13}	网络关系能力	1.75	−0.03	1.86
W_{21}	成本控制能力	0.93	3.31	2.71
W_{22}	物流服务能力	−0.88	1.37	2.63
W_{31}	市场发展能力	−0.68	1.41	0.97
W_{32}	商品服务能力	1.17	1.71	3.11

表 5-24 **个案企业一级指标总得分表（分）**

一级指标		A公司	B公司	C公司
W_1	总部资源配置力	1.56	0.47	1.68
W_2	物流系统配送力	0.54	1.23	1.15
W_3	门店市场服务力	−0.16	−0.06	0.53

　　由于企业竞争力的最终结果是一组标准化数值，只能用于企业竞争力的相对比较，为了明确个案企业竞争力的强弱，对所有调查样本企业都进行了企业竞争力计算，但最终只报告三组个案企业竞争力结果，用于探寻企业竞争力提升路径。遵循上述计算方法，本书获得了所有企业竞争力结果，这是一组均值为 0、标准差为 1 的标准化数值，为了使得个案企业竞争力的对比更加直观，将该组数值进行百分化处理。从处理后的百分化得分中可以看出（见表 5-25），个案企业在所有样本企业中明显具有较强的竞争力，三个个案企业百分化得分均超过 60 分，其中 C 公司的竞争力评价得分接近 90 分，显示出较强的竞争力。

表 5-25 **主要描述性指标及个案企业竞争力得分（分）**

		标准化得分	百分化得分
描述性指标	最小值	−1.96	0
	最大值	2.57	100
个案企业	A公司	1.4	74.17
	B公司	0.95	64.24
	C公司	2.1	89.62

　　注：此表中企业竞争力得分为相对比值，是根据某一企业在样本测试企业中相对位置换算成百分制所得，尽管得分会随着样本测试数量的多少而有所不同，但是得分依然能表明企业在样本测试企业中的相对位置。

5.4 结果讨论

本书构建的连锁商业企业竞争力测评指标体系相比传统的以规模为导向的测评指标体系而言，更具有时代特征，也将引导连锁商业企业由外延式发展向内涵式发展转型。实证研究表明，连锁商业企业的总部资源配置力、物流系统配送力和门店市场服务力三者密切相关，共同决定了连锁商业企业的市场竞争力。本节对实证研究中发现的问题和研究结果进行讨论，以探析连锁商业企业竞争力的提升路径。

5.4.1 测评结果解析

有关个案企业竞争力测评结果的讨论，可按总得分和各模块两项专题进行讨论分析。

1）个案企业竞争力总得分的分析

从构成连锁商业企业竞争力的"三力"来看，将三个个案企业的得分用蛛网图（如图5-2所示）表示后发现，C公司的高得分来源于其均衡的竞争力，其总部资源配置力、物流系统配送力、门店市场服务力在三个个案企业中均显示了较高的得分。而A公司和B公司在发展中存在明显的"短板"。A公司的门店服务能力显著低于其他公司，物流系统配送力稍显不足；B公司不仅在门店市场服务力上处于弱势，在总部资源配置力上也显示出相对不足。从个案总体来看，总部资源配置力和物流系统配送力受到企业的关注，说明现有企业在发展过程中除了关注传统指标外，已经开始重视总部管理、物流等因素对企业整体竞争力的影响，但对门店市场服务力的重视程度相对不足，尤其是商品服务能力和软服务能力薄弱，使得企业整体竞争力的发展受到限制。

通过对个案企业竞争力的测评，可以得出个案企业竞争力的排名是C公司>A公司>B公司，而在2008—2011年中国连锁企业百强排行榜上，虽然三个个案企业的实际排名每年都会发生一定变化，但其相对排名均为A公司>B公司>C公司，与本书构建的连锁商业企业竞争力测

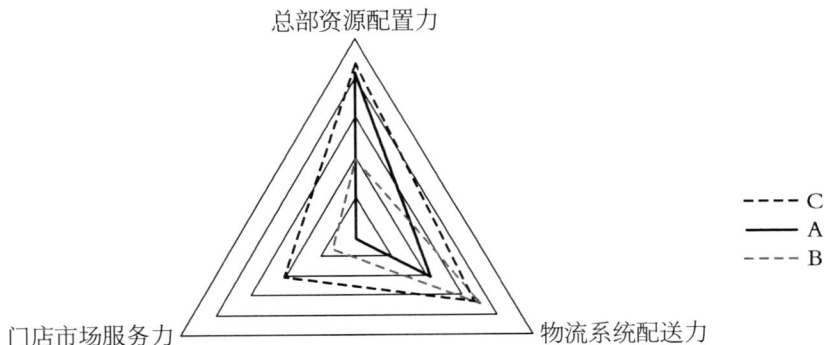

图 5-2　个案企业竞争力比较蛛网图

评指标体系得出的结论出现了一定差异。原因如下：第一，重要指标设定不同。中国连锁经营协会自 2001 年发布连锁百强排行以来，均采用销售规模的口径统计，并以销售规模作为重要指标进行评价排序，这种评价标准反映了"以量取胜"的评价思想，与本书提出的"三力"（总部资源配置力、门店市场服务力和物流系统配送力）合一、协同发展的"以质取胜"的评价思想存在一定差距。第二，测评指标体系的设定不同。中国连锁经营协会发布的连锁百强排名，主要选取了规模性指标和成长性指标，其中销售规模和门店总数反映了企业的规模，而销售规模增幅和门店总数增幅则反映了企业的成长状况。这些指标均为外显性指标，由于缺乏反映企业经营管理能力、资源配置能力等内在的竞争力指标，因此不能全面地、客观地反映企业的真实竞争力水平。本书在选取测评指标以及进行测评指标体系构建时，对外显性指标和内隐性指标进行了较好的结合，更加突出对企业内在竞争力的测评。当然，中国连锁经营协会发布的百强评价，由于指标少、数据易采集，实施起来简单、好操作，因此得到了业界的普遍关注。同时，值得注意的是，2011 年中国连锁经营协会在进行百强数据采集和统计时，增加了对经营性指标（如客单价、人均营业面积等）、效率性指标（如人均劳效、平效等）、费用性指标（如平均人工成本、人工费用率等）的采集和经营分析，遗憾的是，这些指标尚未用在连锁商业企业竞争力的测评上。

　　2）三大模块得分的分析

　　从总部资源配置力、物流系统配送力和门店市场服务力三个模块挖掘个案企业竞争力得分高低的原因，找出影响其得分的关键因子。

（1）总部资源配置力得分分析

从总部资源配置力模块的得分来看，B 公司明显弱于其他两家公司，得分仅为 0.47。从该模块的二级指标来看，B 公司的运营管理能力与 A 公司存在一定差距；网络关系能力也与其他两家公司存在一定差距。这说明 B 公司总部资源配置力弱于其他两家公司的主要原因在于，其总部运营管理能力和网络关系能力相对较弱。而导致这一结果的深层次原因，可以从三级指标得分中加以挖掘。从该模块的三级指标来看，B 公司在资金资源、企业战略、与供应商的关系、与竞争对手的关系方面，较其他两家公司存在明显弱势。而从该模块的三级指标对连锁商业企业竞争力的综合影响看，资金资源和企业战略因子载荷分别为 0.804 和 0.842，与供应商的关系和与竞争对手的关系的因子载荷分别为 0.733 和 0.721，这四个指标对连锁商业企业竞争力的影响较大。同时，B 公司的资金资源、企业战略、与供应商的关系、与竞争对手的关系得分均为负值（小于均值），特别是企业战略得分与 A 公司相差 1.64 分，与竞争对手的关系得分，分别低于 A 公司和 C 公司 2.99 分和 3.45 分，可以推测 B 公司与竞争对手之间存在恶性竞争，企业对战略整体规划和资源统筹还需强化。因此，该模块因子综合作用导致 B 公司总部资源配置力相对较弱。

C 公司和 A 公司较 B 公司的总部资源配置力强。从该模块的二级指标来看，A 公司的总部运营管理能力较强，高于 B 公司 0.89 分；C 公司的网络关系能力较强，高于 B 公司 1.89 分。从该模块的三级指标来看，A 公司在资金资源、企业战略、与竞争对手的关系上明显强于 B 公司；C 公司则在资金资源、企业战略、流程管理、与供应商的关系、与竞争对手的关系、与政府的关系等多方面强于 B 公司，其中，与供应商的关系和与竞争对手的关系的得分分别高于 B 公司 1.19 分和 3.45 分。可见，资金资源、企业战略和与供应商的关系成为总部资源配置模块得分的关键点，而遏制恶性竞争、营造良好的竞争环境则能够促进总部资源配置力的提升。

（2）物流系统配送力得分分析

从物流系统配送力模块的得分来看，B 公司得分最高，该公司在此模块上具有较强的能力，使得 B 公司整体竞争力还比较强，企业竞争力综合得分为 64.24 分，与其他两家公司的差距不是特别大。从该模块的二级指标来看，B 公司的成本控制能力和物流服务能力都好于 A 公司，得分高于 A 公司分别为 2.38 分和 2.25 分，而成本控制能力也高于 C 公司。从该模块的三级指标进一步挖掘深层次的原因，主要是因为 B 公司的配送成本控制和信息化程度得分较高，分别为 2.13 分和 1.41 分，而从该模块的三级指标对连锁商业企业竞争力的综合影响来看，配送成本控制和信息化程度的因子载荷分别为 0.725 和 0.865，对企业竞争力影响很大，表明控制物流成本加强信息化建设成为物流系统配送力得分的关键点。

此外，在测评分析中发现，不同的物流系统（自有物流和外包物流）会对连锁商业企业竞争力产生一定的影响。本书通过单因素 ANOVA 方法探讨两组（自有物流组和外部物流组）连锁商业企业的竞争力是否存在显著差异。单因素 ANOVA 方法的原假设为"自有物流组"和"外包物流组"连锁商业企业竞争力的均值相等，即两组企业间的竞争力不存在差异。通过 SPSS17.0 软件分析后发现，方差齐性检验中的 Levene 统计量为 0.372（＞0.05），说明两组企业竞争力的总体方差相等。而两组连锁商业企业的均值存在明显差距，ANOVA 表格中对应的 p 值为 0.069，意味着在 10%的显著性水平下"自有物流组"和"外包物流组"之间的企业竞争力均值存在明显的不同，"自有物流组"的企业竞争力显著高于"外包物流组"的企业竞争力，这意味着目前我国连锁商业企业的发展阶段并未进入到剥离非核心功能的过程，企业使用外包物流的主要原因是自身资金不足，强势企业普遍偏向于使用自有物流。因此，如何增强连锁商业企业竞争力，提高物流系统配送力，在连锁商业企业未来的发展过程中应当重点考虑。鉴于调研数据的局限，本书对此不进行探讨，留待今后进一步研究。

（3）门店市场服务力得分分析

从门店市场服务力模块的得分来看，C 公司得分最高，而 A 公司和 B 公司在该项的得分均为负值，分别低于 C 公司 0.69 分和 0.59 分，说明 C 公司在此模块能力较强。从该模块的二级指标来看，导致 C 公司得分高的主要原因是其较强的商品服务能力，该指标得分高达 3.11 分，明显强于其他两家公司。从该模块的三级指标进一步挖掘深层次的原因，发现主要得益于 C 公司的品类服务能力。而 A 公司和 B 公司在软服务能力方面要强于 C 公司，从而缩小了与 C 公司之间的差距。从该模块的三级指标对连锁商业企业竞争力的综合影响来看，品类服务能力和软服务能力对连锁商业企业竞争力的影响很大，因子载荷分别为 0.881 和 0.976，说明品类服务能力和软服务能力成为门店市场服务力得分的关键点。

5.4.2 启 示

通过对测评结果的分析，可以找出影响连锁商业企业竞争力得分的关键点，发现连锁商业企业竞争力提升的路径：通过强化资金资源、企业战略、与供应商的关系等总部运营管理能力，提高总部资源配置力，提高企业资源配置效率；通过信息化建设，整合组织架构和业务流程，提高企业运行效率；通过商品服务能力建设，提升门店在商圈中的市场地位和影响力，提高企业经济效益。

1）加强总部运营管理能力成为连锁商业企业竞争力提升的有效途径

连锁总部作为连锁商业企业的指挥中心和管理中心，担负着企业发展战略的制定，企业资源的开发、使用、控制和协调职能，决定着门店系统和物流系统的市场定位、组织架构以及业务流程等。总部运营管理能力决定了企业的发展领域、业务范围、运营管理水平以及运行效率，体现了企业的资源配置能力，并支撑着门店市场服务力和物流系统配送力。连锁总部负责企业战略的制定、实施以及业务流程管理，总部的决策直接影响到企业资源投向、资源分配和资源的投入产出，进而影响企业的未来发展与成败。因此，强化总部运营管理能力，提高连锁总部后台管控能力，可以有效促进门店市场服务力和物流系统配送力的提高，这对提升企业竞争力至关重要。

2）物流信息化建设成为连锁商业企业竞争力提升的有效途径

在连锁商业企业内部有一条看不见的生产线，就是贯穿采购、运输、库存、配送、销售、售后服务等物流活动的信息流。连锁总部、物流系统、连锁门店之间，通过信息的交流和共享，促进各价值活动的业务流程有机衔接和协同，提高企业运行的效率和效益。可见，信息化建设直接影响整个连锁经营体系的运营和经营成本，进而影响企业运行效率和效益。随着企业规模的扩大，企业对信息化建设的要求也就越高，信息化成为企业的生命线，对连锁商业企业竞争力的影响显著，不容忽视。

3）门店商品服务能力建设成为连锁商业企业竞争力提升的有效途径

连锁门店是直接为消费者提供商品和服务的售卖场所，主要承担着连锁商业企业的商品现场展示、商品销售与服务等职能。门店数量的多寡并不意味着企业竞争力的强弱，就企业可持续发展而言，保证所开门店的存活率和成长性才是连锁商业企业竞争力提升的根本所在。连锁门店处于连锁商业企业供应链的末端，是消费者检验整个企业，乃至整个供应链竞争力的核心，只有做强门店才能做强企业和供应链。连锁门店可以通过洞察消费者的需求提供适销对路的商品组合，通过合理规划卖场布局及商品陈列实施有效的营销策略，通过做好顾客服务营造良好的购物环境，通过与物流配送系统密切合作降低库存，进而提高门店商品服务能力，吸引客流，节约成本，提高售卖业绩和市场竞争力。

此外，政府应加强对市场秩序的规范和维护，营造公平、有序的竞争环境，消除不公平因素，为连锁商业企业竞争力提升创造良好的市场环境。

5.5　本章小结

第一，运用主成分分析法，构建了以做强为导向的连锁商业企业竞争力评价体系，该体系共有三个一级指标，即总部资源配置力、物流系统配送力和门店服务力；七个二级指标，即要素资源、运营管理能力、网络关系能力、成本控制能力、物流服务能力、市场发展能力和商品服务能力；十八个三级指标。

　　第二，实证研究结果表明，本书设计的竞争力测评指标体系能够客观、真实地反映连锁商业企业竞争力的构成及形成状况；验证了连锁商业企业的总部资源配置力、物流系统配送力和门店市场服务力密切相关，共同决定了连锁商业企业市场竞争力的强弱。

第6章 转型期连锁商业企业竞争力
提升的方案设计

连锁商业企业竞争力提升是一项长期而艰巨的系统工程,需要结合企业发展的实际,需要企业、政府等多方面共同努力。基于前述各章对连锁商业企业竞争力结构、形成机理、行为模式及实证测评分析,对连锁商业企业竞争力提升路径的研究更加清晰。本章结合转型期连锁商业企业的发展趋势和内涵式行为模式的形成机理,在第5章实证分析的基础上,从企业和政府两个维度,深入探析我国大中型连锁商业企业竞争力提升的途径和对策,从而为连锁商业企业的可持续发展提供理论指导和实践帮助。

6.1 转型期内涵式提升的方案设计思路

2009年12月召开的中央经济工作会议强调,综合国际国内的经济形势来看,转变经济发展方式已刻不容缓。可以预见,在"十二五"期间乃至今后相当长的一段时期,我国经济将进入以转型发展为重点的新的发展阶段。连锁商业企业应审时度势,充分认识转型发展的紧迫性和必要性,明确转型发展的目标、思路和途径,以确保向内涵式发展转型成功。

6.1.1 内涵式提升的理念和目标

后金融危机时代，受经济增长趋缓、消费需求疲软、竞争加剧、资金不足、人才短缺等内外部因素的影响，越来越多的连锁商业企业放缓开店步伐、关闭不盈利的门店，转向重视内涵建设，如加强人才培育、发展电子商务平台、开发自有品牌等。本书认为，转型期连锁商业企业内涵式提升，应以战略理念转型和提升为指导，把脉企业竞争力的现状及存在问题，明确竞争力提升的目标和重点，促进连锁商业企业竞争力三大模块协同发展，以提高企业内涵质量和运行效率。

1）战略理念提升为先

思想决定行动，连锁商业企业竞争力的提升首先应该是战略理念的转型和提升。在调研中发现，很多连锁商业企业，特别是资金相对充裕的企业，仍以"做大"战略为主导，追求高速度、高扩张，跨区域扩张、资本扩张、业态扩张等齐头并进，希望在两三年内成为业内的领跑者。可见，"做强"的战略理念还没有根植于企业战略中，内涵质量提升只会成为一句空话。连锁商业企业只有在"做强"战略理念的指导下，才能真正走上内涵式发展道路。

（1）强化"人才强企"的战略理念

人才是企业的核心资源，是推动企业战略转型和行为模式转型的重要力量，也是企业"做强"战略实现的重要基础和根本保障。人才强企，就是坚持以人为本，优先人才发展，从战略高度研究企业的人才引进、培育、使用等工作，以促进员工与企业协同发展。我国连锁商业企业普遍存在人才匮乏的问题，因此，要提升企业竞争力，实现企业可持续发展，必须加强人才建设，创新"引才、育才、用才"机制，充分发挥人的积极性、主动性和创造性，使人尽其才、才尽其用，形成一支结构合理、业务能力强、素质高的人才队伍。

（2）强化"管理强企"的战略理念

管理是企业发展永恒的主题，管理出效益成为企业的共识。管理的根本目的是提高企业效率，即通过计划、组织、指挥、协调和控制等手段，使企业的各项工作高效、有序进行，以实现资源合理配置和企业成长的目标。随着市场竞争的加剧，向管理要效益，以管理促发展，更加成为企业竞争力提升的必然选择。在第 5 章的实证研究中，C 公司相对于 A 公司和 B 公司，其竞争力强，原因之一是，其创新的"一强、五新、六统一"的管理模式（一强：对经营的控制力强；五新：制度新、理念新、方法新、手段新和体制新；六统一：统一进货、统一配送、统一布局、统一形象、统一收银、统一管理），使得其在同业竞争中，一直保持着较强的管理优势。

（3）强化"创新强企"的战略理念

创新是企业发展的根本动力和企业竞争力提升的源泉。只有不断创新，企业才能在激烈的市场竞争中，把握机遇，赢得主动，求得发展。没有创新的企业，是没有前途和希望的企业，最终也将无法在市场上立足。连锁商业企业创新的内容很广泛，包括经营模式创新、管理创新、技术创新、业态创新、市场创新、营销创新、流程创新、标准创新等。其中，经营模式创新是转型期连锁商业企业创新的重点。

2）明确内涵提升的目标和重点

首先，连锁商业企业在把脉自身竞争力状况的基础上，找出企业竞争力存在的主要问题，明确薄弱点。以第 5 章中个案研究的 B 公司为例，B 公司相比 A 公司和 C 公司竞争力较弱，主要源于 B 公司在门店市场服务力和总部资源配置力方面相对不足。进一步分析发现，B 公司的总部资源配置力相对较弱，主要原因是总部运营管理能力和网络关系能力不强，特别是在企业战略、流程管理以及与供应商的关系等方面能力不足。B 公司门店市场服务能力不足主要源于商品服务能力较弱，主要原因是其品类服务能力和交付服务能力明显不足。故而，可以初步诊断出 B 公司竞争力的短板主要是总部运营管理能力和商品服务能力两个方面。

其次，明确企业竞争力提升的目标和重点，即通过经营模式的创新和供应链整合优化等，有效培育和开发关键性资源与能力，促进其向竞争优势和竞争力转化。结合第 5 章的测评分析结果和启示可知，转型期连锁商业企业竞争力提升的重点是总部运营管理能力、信息化能力和门店商品服务能力的提升。通过提升总部运营管理能力、信息化能力和门店商品服务能力，促进总部资源配置力、物流系统配送力和门店市场服务力的提升，促进连锁商业企业内生力的增长，从而实现企业整体竞争力的提升。

6.1.2 内涵式提升的重点内容

企业竞争优势的基础是其拥有的竞争资源与能力，这种竞争资源与能力是企业在长期的经营过程中，不断开发和培育形成的。竞争资源和能力的差异，导致了企业竞争优势和竞争力的不同。由连锁商业企业竞争力的内涵和结构可知，总部资源配置力、物流系统配送力和门店市场服务力是连锁商业企业竞争优势和竞争力的基础。因此，连锁商业企业要获取并保持竞争优势，应重点培育和提升三大模块能力，特别是总部运营管理能力、信息化能力和门店商品服务能力（如图6-1所示）。

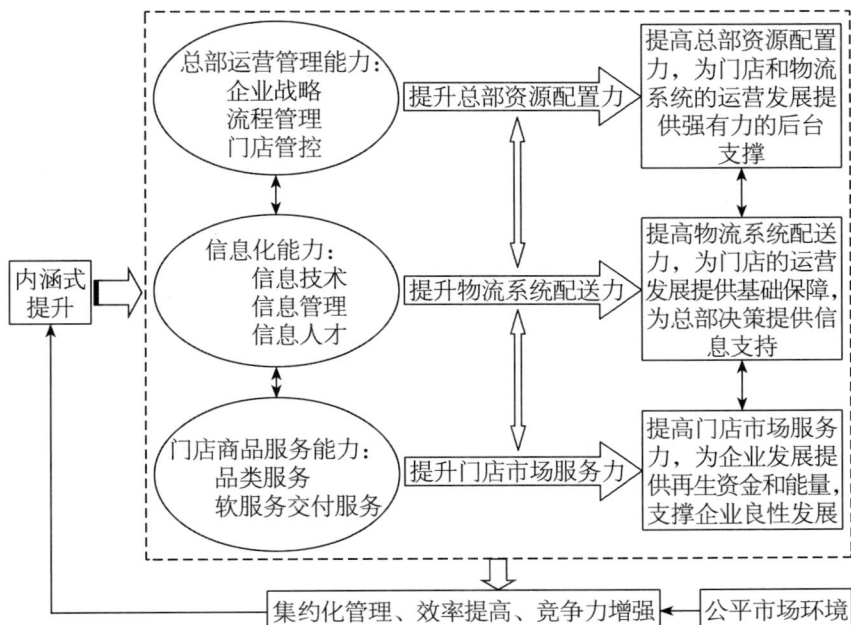

图6-1　连锁商业企业内涵式提升的途径

1）加强总部运营管理，提升总部资源配置力

总部资源配置力主要包括要素资源、运营管理能力和网络关系能力。其中，运营管理能力对总部资源配置力的影响最大，其因子载荷为

0.883（见第 5 章）。运营管理能力主要包括企业战略、流程管理和对门店的管控等，因此提升总部资源配置力应做到：第一，要做好企业战略规划，明确企业内涵增长的目标，保持适当的发展规模和速度，投资培育人才、技术、品牌等关键性竞争资源，使有限的资源得到合理配置；第二，优化现有的业务流程和管理流程，提高运营管理效率；第三，加强总部对门店及物流系统的管控能力，通过集约化管理，提高资源的使用效率，提升竞争力。

2）加强信息化建设，提升物流系统配送力

物流系统配送力主要包括成本控制能力和物流服务能力两个方面。物流服务能力又包括信息化程度、交付能力和快速响应能力。其中，信息化程度对物流系统配送能力的影响最大，其因子载荷为 0.865（见第5 章）。物流信息化程度直接影响物流配送系统的服务能力和物流成本，进而影响企业运行效率和效益，对于门店越来越多的连锁商业企业而言，信息化不仅是物流系统的生命线，更是整个连锁体系的生命线，对连锁商业企业竞争力的影响重大。因此，连锁商业企业必须高度重视信息化建设，通过先进信息技术的应用，整合供应链资源，建立信息共享的资源平台，提高企业在整个供应链中的市场地位和优势。

3）加强门店商品服务，提升门店市场服务力

连锁门店市场服务力主要包括市场发展能力和商品服务能力。门店提供的服务主要包括品类服务、交付服务、环境服务、区位服务和信息服务五种分销服务，各种分销服务之间存在交叉重合。[176]品类服务和环境等软服务对市场服务能力影响较大，其因子载荷分别为 0.881 和0.976（见第 5 章）。其中，品类服务主要指门店经营商品的宽度（不同种类的商品）和深度（同一种类商品的品牌个数）。品类服务也体现了门店的商品定位，可以帮助消费者有效识别企业商品，在某种程度上降低了消费者购物的时间成本。环境、信息等软服务主要包括门店的服务设备设施、购物氛围、人员服务以及为消费者提供商品价格、促销活动、新产品等信息。连锁门店可以通过不断提高上述服务能力，改进服务水平，提升门店的商圈影响力和市场竞争力。

6.2 连锁商业企业内涵式提升的方略

本节主要结合转型期我国大中型连锁商业企业外延式发展中存在的共性问题，在前述分析的基础上，探析连锁商业企业内涵式提升的途径及对策。

6.2.1 总部运营管理能力提升策略

连锁总部作为企业的管理中心，承担着企业资源的开发、配置、控制和使用等功能，故而，强化总部运营管理能力是提升总部资源配置能力的关键，也是做强门店和物流配送系统的前提和基础。

1）创新经营管理模式，强化总部资源配置

连锁商业企业实现内生力增长的动力来源于高效的经营管理模式。目前，连锁商业企业的经营模式主要是以费用导向为主的联营模式，这种经营模式虽然可以转嫁经营风险，但是会导致连锁商业企业采购功能减退，经营同质化严重，价格虚高，企业竞争力下降。故而，转型期连锁商业企业应转向以业绩导向为主的自主经营模式，通过资源能力的有效配置和整合，创新经营管理方式，以获得持续发展的内生动力。首先，连锁商业企业回归依靠商品经营获取利润的盈利模式，在价值链各环节创造利润，从需求预测、商品采购、物流配送、商品销售、顾客服务等方面加强经营管理和创新；其次，由联营模式转向自主经营模式，加强自采、直采能力和自营商品能力，提升企业的获利空间和内生增长力；第三，立足本业，将关联业务和资源进行有效整合，不断优化和创新业态、流程、营销等，实现资源共享和有效配置，促进企业竞争力和效益的提高。

2）整合供应链资源，强化与供应商的战略联盟

目前，零供之间非合作博弈导致零供矛盾日益突出，其主要表现和原因已在第 3 章、第 4 章分析过，这里不再赘述。由于连锁商业企业与供应商的矛盾未从根本上加以解决，连锁商业企业与供应商难以形成有效的信息共享、资源共享。因此，要解决零供矛盾，谋求共同发展，除

了连锁商业企业转变盈利模式外，还需要推进并强化零供之间的战略联盟。

第一，连锁商业企业与供应商应该摒弃狭隘的以自我扩张欲为中心的经营理念，将目光转向降低供应链运营成本，提高运行效率，最终提高顾客满意度的战略理念上来，这是"做强"战略联盟的前提和基础。

第二，连锁商业企业对现有供应商进行评估，保留合作良好、信誉度高、价值理念趋同的供应商；剔除社会声誉不好、资信条件差、合作不愉快的供应商。根据企业战略发展的需要，新增愿意与企业长期合作的、资信条件好的供应商。

第三，以"共存共荣、互信互利"为原则，以契约的形式将战略联盟加以固化，明确合作的方式、责任和利益，通过沟通交流机制、监控机制、激励机制的建立，在法律上确保战略联盟体的稳定运行。

第四，建立一个公共的 IT 平台，推进战略联盟的信息系统建设，支持与供应商之间信息的传递、数据的获取以及业务流程的整合等，使跨企业的基础设施或信息系统能够兼容。

第五，条件成熟的企业或有实力的企业可以采取宝洁和沃尔玛的供应链协同（SupplyChainCollaboration，SCC）模式。

总之，应强化与供应商的战略联盟，加强与供应商在市场预测、商品开发、采购、物流配送、品类管理、库存管理、订单管理、店面运营等各个方面的协作与配合，促进企业供应链的稳定、安全、高效运行。

3）优化业务流程，提高运行效率

连锁商业企业是为终端消费者提供商品和服务的，其业务流程优化应始终围绕"满足顾客需求、完善顾客服务、提高企业盈利能力和竞争能力"这一基本准则进行。企业业务流程优化的主要目的是减少不必要的流程环节，明确流程标准，理顺工作思路，明确流程各节点（各部门、各岗位）的分工和职责，提高工作效率。

连锁商业企业业务流程优化工作可以分四步走：

第一，优化业务单元的内部流程。各业务单元（各业务部门）根据高效解决问题的原则，对本业务单元内部的流程进行梳理，清理不必要的环节，进一步明确业务单元以及各个岗位的工作标准和职责，促进业务单元内部流程的精简和优化。这一步非常关键，有利于明确流程各节点的工作标准，以保证该业务的责权利落实到实处，提高业务单元的工作效率和质量。

第二，优化跨部门、跨业务的流程，促进不同业务单元之间、部门之间的协调配合，提高工作效率。连锁商业企业需要对跨部门、跨业务单元进行清理和分析，对不必要的流程进行删减，对有必要的流程进行增添，对相似的流程进行整合，并以共享服务的方式提供给各个业务单元。

第三，跨企业（供应商、外包物流）的流程整合，提高供应链企业之间的协调配合。连锁商业企业应从顾客价值出发，对供应链各节点对接的流程进行梳理、优化和整合，促进商品供应（供应商）—商品配送（外包物流）—商品销售（连锁门店）等业务流程通畅、高效，提高供应链的运行效率和竞争力。

第四，将优化的流程标准化、IT 化。连锁商业企业应将优化的流程以工作表单和作业指导书等标准化形式加以固化，并强化信息化的运用，对各项工作严格按照标准的流程规范进行，排除人为干扰，确保流程运作的科学性和规范性，使各项工作的结果具有可追溯性，使流程管理工作更加规范化、标准化和精细化。

以顾客为导向的流程优化是一个持续改进的过程，也是企业改进管理、创新工作的有效方法，持续的流程优化可以为企业赢得持久的竞争优势，提升顾客价值。

4）强化总部管控能力，促进总部、门店、物流系统协同发展

从连锁商业企业的供应链系统（由供应商、总部、物流系统、门店组成）来看，连锁总部的管控对象主要包括门店、物流系统和供应商等。管控能力顾名思义，是指管理主体对被管理对象的经营活动进行管理和控制的能力。结合第 2 章中对连锁商业企业竞争力结构的分析，连锁总部对门店、物流系统和供应商的管控手段可以归结为定位管控、流程管控和标准管控等。

（1）加强总部的定位管控能力

连锁总部对门店的定位管控，主要包括门店的选址、业态的确定、

规模的确定以及商品（服务）组合的确定等。对门店的定位管控能力体现了总部资源配置的方向和范围能力。在运营过程中，连锁总部通过对门店定位进行调整，促进门店运营绩效的提高。连锁总部对物流系统的定位管控，主要是指物流模式的选择（自有物流或外包物流），如自建物流又包括配送中心的选址、配送中心的规模、配送中心的功能、配送中心的服务半径等。总部对供应商的定位管控主要包括选择供应商的标准、合作关系定位和合作内容等，这影响着未来与供应商关系的走向。

（2）加强总部的流程管控能力

流程是指企业在日常工作活动中各部门和相关人员共同遵守的工作顺序、工作内容、工作方式和工作责任，以便各项活动在各部门和岗位之间能够顺利进行。企业流程可分为战略流程、经营流程和保障流程[168]三种。其中，战略流程是连锁商业企业规划和开拓未来的流程，如战略规划、战略决策、投资发展等；经营流程是连锁商业企业开展日常经营活动的流程，如商品采购、物流配送、商品销售、顾客服务等；保障流程是为战略流程和经营流程的顺利实施提供支持的流程，如人力资源管理、信息系统管理等。连锁总部的流程管控主要是以顾客为导向，对战略流程、经营流程和保障流程进行动态化的管理和控制，提高流程管控能力，增强对各流程的持续优化、改进和创新，使企业流程协同、顺畅、高效，提升企业运行效率和市场竞争力。

（3）加强总部的标准管控能力

连锁商业企业实行总部统一管理和门店分散销售的管理模式，这种管理模式要求连锁总部对门店有较强的后台管控能力，特别是随着连锁门店的日益增多，这种管控难度越大，对连锁总部的后台管理手段和管理水平的要求越高。连锁商业企业通过"统一标识品牌、统一采购、统一配送、统一核算、统一定价、统一服务规范"等，对连锁门店、物流系统实施集中、统一管理。要做到统一管理，就必须有标准化的制度、流程和方法作为依据。只有标准化，才能有效降低企业的运行管理成本，提高系统运行的效率。连锁商业企业的标准化管理主要体现在对门店和物流配送体系的管控上。标准化管理的主要内容包括：一是销售体系标准化，即在店址选择、顾客定位、整体形象、店面装修、商品陈列、商品售价、折扣促销、店员服饰等方面予以标准化；二是商品运营体系标准化，即在门店进货、补货、理货、存货、退换货、防损以及突发事件的处理等方面予以标准化；三是顾客服务体系标准化，即在服务的内容、服务的过程、服务的质量等方面予以标准化。四是物流配送体系标准化，即在物流配送技术、设备、用具、包装等方面予以标准化。提升连锁总部的标准管控能力，可以提高企业的管理规范化、流程标准化、人员专业化水平，进而提高样板店的复制/粘贴能力，促进企业成长。

5）强化人才培育，为可持续发展提供支撑

人才短缺是制约连锁商业企业的重要瓶颈之一。已经有越来越多的企业意识到人才对企业成长的重要性，也有越来越多的商业企业投入资金，成立企业大学（如苏宁大学、华润大学等），与高校联合建立人才培养基地，通过多渠道、多手段培养企业所需的人才。这些企业克服了人才培养的短视性，能够从企业战略发展的角度规划企业人才培养的问题，为企业成长提供了有力的人才支撑。

实证研究表明，连锁商业企业的人才流失率较高。而随着连锁商业的发展，新理念、新技术、新知识和新管理模式等不断运用到企业的经营中来，企业对人才的需求，特别是创新型人才的需求越来越强烈，这也意味着企业人才培育工作的责任越来越重。人才培育不单单是投入资金和设备，也不仅仅是技能培养和业务学习，它包含了更广泛的内容和意义，如育人方向、育人手段、育人途径、育人机制等。本书认为，连锁商业企业应做好以下工作：

第一，明确育人的方向。企业培育人才的根本目的是人尽其岗、岗尽其职，提高工作的效率和质量。因此，做好员工定位和员工职业生涯规划，是培育人才的起点。企业应将员工职业生涯规划与企业发展战略紧密联系在一起，使每一个员工都能清晰地知道今后努力的方向，使员工个人成长与企业成长同步。

第二，多手段育人，强化企业文化的育人功能。近年来，连锁商业企业的育人手段呈现多样化，如学徒制、轮岗制、业务培训、拓展训练、富有挑战性的工作、工作的丰富化等。在调研中可以发现，成长性好的企业注重将企业文化渗透到育人过程中，通过多手段育人，将企业的精神文化、制度文化逐渐根植于员工的头脑里，从而提高了员工的执行力。

第三，企业内部育人和校企合作育人两条途径并行。例如，苏宁通过"1 200工程"，将校企合作培养的大学生作为苏宁"1 200员工"，进行系统培养、选拔和任用，从而培养了一大批优秀的管理者，形成了较好的人才梯队。

第四，建立长效的育人机制。人才培育不是一朝一夕的事情，企业必须建立长效的育人机制，使得人才的招聘、引进、培养、使用、晋升等各项工作科学化、规范化，实现全面系统的人员发展管理，为企业的可持续发展做好人才储备。

6.2.2　门店商品服务能力提升策略

门店既是消费者购物的场所，也是企业展示商品和服务的地方，更是企业利润的提供者。因此，做强终端门店是企业内涵质量提升的重要工作，本书在第4章分析的基础上，结合第5章的实证研究，从强化门店品类管理、商品交付管理等方面提出对策，旨在通过提高门店的服务质量和水平，降低消费者的交易成本，提升企业市场竞争力。

1）强化门店品类管理

连锁商业企业应从消费者的需求出发，通过对POS销售数据的分析，对连锁门店的商品组合、空间布局、库存结构等进行优化，以提高品类管理水平。

（1）优化商品组合

不同业态的门店，其品类宽度（不同的商品种类）和深度（同一商品种类的进一步细分）不同，大型超级市场、百货店、购物中心等业态，强调品类的宽度，而各种专业店则强调品类的深度。任何一家门店，都无法提供消费者所需的所有商品，甚至某一品类的所有单品，它必须对经营的商品进行选择和优化。

首先，连锁门店应进行商圈调研和销售数据分析，在此基础上确定本店的商品结构。连锁门店通过对商圈内的消费者情况（收入、购物偏好、消费决策模式等）、竞争情况（竞争者数量、与本店的距离、商品结构、商品价格等）、交通情况以及周边环境进行市场调研，进一步明确本店的目标顾客及市场定位。门店可利用后台 POS 数据（销售额、利润额、购买频次等），计算得出本店品类排名。排名在前的品类为目标性品类，该品类商品是门店的代名词，是消费者选此店购物的主要原因，消费者甚至愿意花费更多的时间和精力来此购物。排名居中的品类为常规性品类，是消费者优先选择此店购物的因素，该品类通常用来吸引客流，抵御竞争。其余的作为便利性品类和季节性品类，用来满足消费者的季节性需求和便利性需求，以提高本店的利润率和商品周转率。

其次，在做好商品分类后，利用 POS 数据，对各品类商品的销售额、费用额、利润率、损耗率、周转率、客单价、坪效、周转天数等指标变动情况进行详细分析，在数据分析的基础上，结合消费需求和市场变化，对各品类商品进行评估，淘汰表现不佳的商品，引进市场需求的新品，以优化商品结构，提升顾客价值。

（2）优化空间布局

门店的布局、商品陈列是否合理，直接影响该店的吸客量、顾客购买的便利性以及商品的销售。门店应对目标顾客的购物行为和习惯进行调研分析，以此设计卖场的客动线和布局，具体包括主通道、副通道的设计，卖场功能分区，陈列器的摆放，卖场照明以及温度、湿度的控制等。门店的空间布局既要有别于竞争者，又要彰显出门店的特色和便于消费者购物选择，从而为顾客营造出良好的购物氛围。货架是门店最重要的资源，货架决策是门店空间布局的重要内容之一。

首先，货架决策应重视消费者的需求，不能只以销售额或利润确定货架空间。例如，美国 Safeway 超市销售乳酪有 300 多种，其中 Feta 羊乳酪的销售额排名第 295 位，如果按照销售额或利润进行决策，该产品就应该下架，但是调查发现，该产品是购买额最高的前 25% 的消费者喜欢的商品，因此 Safeway 超市决定保留该产品并将其摆在货架的显著位置。[177]

其次，货架决策不能忽视销售额或商品货架空间指标。商品货架空间指标=商品陈列面占有率/商品销售贡献率。如果商品货架空间指标

＞1，则为过量陈列，应减少该商品的陈列空间；如果商品货架空间指标＜1，则为不足陈列，应增加该商品的陈列空间。

最后，门店可利用消费者购物决策树，判断影响消费者来此店购物的主要因素的重要性，从而确定商品的陈列位置和陈列空间，同时注重增加畅销品的陈列空间。

（3）优化库存结构

品类服务是基于零供双方合作、互信的伙伴关系，供应商分享零售商的销售数据，共同致力于实施高效补货，优化库存结构，降低成本，提高门店的经营业绩。供应商通过零售商提供的 POS 销售数据，及时准确地了解本企业产品在连锁门店的销售、库存等情况，对库存结构及时进行调整，增加畅销品的生产和备货，停止滞销品的生产和原材料的采购。连锁门店通过对 POS 数据的分析，对畅销品增加订单量，对滞销品及时进行清仓处理或退货，对临期商品进行严格管控，并做好临期商品的促销工作。零供双方密切合作，通过优化门店库存结构，提高商品的周转率和门店的空间使用率。

（4）注重开发和经营自有品牌商品

连锁商业企业自有品牌的开发和销售促进了连锁门店销售业绩的提高。目前，内资连锁商业企业销售的商品主要有制造商品牌商品、零售商自有品牌商品和混合品牌商品。其中，制造商品牌商品占主导地位。但是，越来越多的零售商开始开发自有品牌商品，并在自己的卖场进行销售，取得了良好的收益。例如，在中国，沃尔玛已经开发了涵盖数百个品类的 1 800 多种自有品牌商品，其中主打的三个品牌是：Great Value（惠宜），主要覆盖多个系列食品和日常家居用品；Mainstays（明庭），主要覆盖家居用品；Simply Basic（简适），主要覆盖服装产品。[178]自有品牌商品以其优质、低价，赢得了顾客的青睐，为沃尔玛创造了更多的效益。据统计，2009 年沃尔玛销售商品中就已经有 20%～25%的商品是其自有品牌，有 30%的销售额来自其自有品牌商品。[179]因此，根据顾客的消费需求特点及偏好，结合企业自身优势开发自有品牌商品，是提高企业绩效和提升门店服务力的重要举措。

2）强化商品交付管理

交付服务水平主要体现在现货的质量、交付时间和结账方式等方面。连锁门店通过强化现货质量管理，让顾客买到放心的物有所值的商品；通过优化交付时间和结账方式，满足顾客要求，降低交易成本。

（1）严格管控商品质量

近年来，因商品质量问题而被消费者投诉、媒体曝光的连锁商业企业越来越多，如沃尔玛重庆店销售假冒"绿色猪肉"、上海华联等多家超市被曝多年销售"染色馒头"等。商品质量安全问题已成为全社会关注的焦点。连锁门店作为服务终端消费者的最后环节，也是商品质量管控的最后一道防线，其有责任和义务把好商品质量关，保护消费者的利益和门店的声誉。

首先，在采购环节，应严格审查供应商的资质和采购商品的质量，确保采购商品质量达标。

其次，在物流配送环节，应重视农产品、水产品等易腐烂变质商品的冷链管理，防止因储存、运输过程中冷链断掉而影响商品质量。

最后，在门店销售环节，加强商品理货、盘点和临期商品管理，对有质量问题的商品坚决下架，停止出售；做好临期商品预警，通过退货或降价促销等方式及时处理临期商品。在售后服务环节，高度重视并及时处理顾客对商品质量的投诉，并将顾客投诉率高的商品信息及时反馈给采购环节和供应商，杜绝再次采购该商品，以免给企业和顾客造成损害。

（2）合理确定营业时间，提高结账速度

连锁商业企业应根据不同地域、不同商圈消费者的生活习惯、购物时间和竞争情况等，合理确定门店营业时间（每天开店和关店时间），并根据市场需求的变化灵活调整营业时间。例如，很多城市的消费者，其购物与休闲并重，门店能否提供充足的购物时间成为其选店的重要因素。有些门店为了更好地服务消费者，吸引客流，通过延长营业时间（特别是在节假日）提高该店的交付服务水平。

连锁商业企业应根据门店客流情况，通过合理设置收银台的位置和数量，提高结账速度，减少顾客排队等候的时间，降低顾客的时间成本；通过使用现金、信用卡等多种付款方式，满足不同消费者的结账需求。此外，连锁商业企业还可以引进自助结账机器，使用自助结账方式，以满足消费者对便捷化和个性化服务的需求。

（3）强化员工素质管理

员工素质的高低直接影响着商品服务水平和门店的形象，连锁商业企业应高度重视门店一线员工的素质培养和行为规范。

首先，培养门店员工的专业服务意识和敬业精神。为了满足顾客愉悦购物的需求，门店一线员工应以愉快的心态和高度敬业的精神为顾客服务，以愉悦的服务感染顾客，提高顾客的舒适感。

其次，提高门店员工的专业服务能力，如商品知识、营销能力、服务技巧等，从而为顾客提供高水平的职业服务，增加消费者购物的信任感。

最后，强化门店员工的责任和岗位意识，要求每个员工根据其岗位要求和标准进行作业，规范自己的行为；通过每日晨会，对员工的工作表现进行评价，促进员工成长。

6.2.3　物流信息化平台优化策略

21世纪是信息社会的时代，企业管理能力、盈利能力以及市场竞争能力的强弱，在很大程度上取决于其信息化延伸的广度和深度，以及企业信息化提升所带来的速度能力、流程能力和资源整合能力等方面的实力较量。连锁商业企业信息化不仅是物流信息化，而且是整个连锁经营体系的信息化。信息化的本质及目标是利用先进的信息技术，获取、处理、传输应用知识和信息资源，以增强企业的竞争力，促进永续发展。因此，信息化提升不是简单地IT投资，它应与企业的发展、理念的更新、流程的优化同步。

1）信息化平台优化的主要内容

连锁商业企业信息化水平的提升是一项长期的、复杂的系统工程，需要对企业战略、组织结构、业务流程、数据、信息资源、应用系统和信息技术等进行系统性的思考，以实现企业数据信息化、流程信息化和决策信息化，促进企业服务流、物流、资金流、信息流"四流"合一，提升企业与供应商之间，企业总部、门店、配送中心之间的协同运营（如图 6-2 所示）。

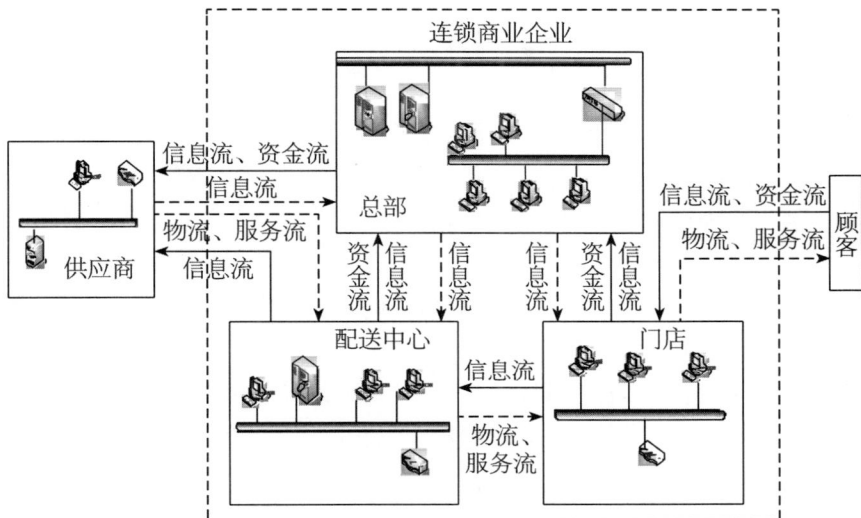

图 6-2　连锁商业企业信息化网络结构图

（1）通过数据信息化，加强数据分析和挖掘，提高数据信息价值

连锁商业企业数据信息化是指将商品采购、库存、配送、销售、服务、人员等业务信息以及收入、费用、结算等财务信息，以一定的数据格式录入到计算机里，以数字的形式保存起来，形成业务数据和财务数据，并通过企业内联网将这些数据在企业内部所需部门之间进行传输，以供所需部门进行数据查询、使用、处理和分析。此外，越来越多的连锁商业企业通过外联网，利用 EDI 技术，与供应商实施电子数据信息的交换，提高了交易双方信息的传输效率，降低了供应链协同的运作成本。连锁商业企业实施数据信息化的关键是建立标准的数据录入和汇总方式、统一编码规则、统一相关的报表格式、统一数据核算的基础、规范权限设置等，以提高数据采集、传输的效率，确保数据的可比性、相关性和安全性。数据信息化是连锁商业企业向经营规模化、管理现代化迈进的基础。

连锁商业企业通过对数据进行实时、准确的采集、传输、分析和挖掘等，为企业决策和业务工作的开展提供科学依据。目前，连锁商业企业利用 POS 系统，可以实现前台系统对连锁门店销售时点数据和顾客信息的采集和存储。如果将 POS 系统与 ERP(企业资源计划)系统、CRM（客户关系管理）系统、SCM（供应链管理）系统整合集成，对数据进行充分的挖掘和分析，可以及时了解到顾客的需求变化，并做出科学预判，从而实施更有效的商品采购、补货与存货、物流配送、商品销售以及营销策划等。

（2）通过流程信息化，加强标准化和规范化管理，提高企业运行效率

连锁商业企业流程信息化是指根据企业战略和经营特点，通过对商品采购、物流配送、门店销售和售后服务等业务流程的优化，并运用信息技术将优化的流程进行固化处理，实现业务和管理流程化、流程标准化、标准信息化、信息网络化，使流程涉及的各项价值活动更加规范，减少人为控制，提高各项业务和管理决策的效率。

首先，实现连锁商业企业内部流程信息化，主要是在对企业内部各项价值活动的流程进行优化的基础上，通过 POS 系统、MIS(管理信息系统)、ERP 系统、OA(办公自动化)系统等，实现内部流程信息化。

其次，实现对外商务流程信息化，主要是对供应商采购、结算等业务活动流程，通过 EDI（电子数据交换）、EOS（电子订货系统）等，实现对外商务流程信息化。

最后，实现供应链流程信息化，主要是对企业供应链业务流程，涉及顾客需求预测、商品采购、补货与存货、终端配送、顾客服务等的核心业务环节，利用 CFAR（合作预测和补货）系统、CRM 系统等，实现供应链流程信息化。

流程信息化不但促进了连锁商业企业经营管理的规范化和高效化，而且为连锁门店的发展提供了可"复制/粘贴"的标准化流程，加快了企业的发展。

（3）通过决策信息化，提高决策的科学性，减少决策失误

连锁商业企业决策信息化是指通过对 POS 系统终端数据的挖掘和分析，以及对资金流、物流、服务流汇集成的信息流等信息资源，借助于先进的信息管理技术、方法和手段，有效开发和利用，从而为企业科

学决策提供依据和支撑。决策信息化的关键在于对数据的分析处理和指标库的设定。由于业态和业务领域不同，连锁商业企业管理层关注的KPI指标也有所不同，因此需要结合企业战略、经营实绩以及所处环境进行认真分析，确定决策的主要原则和指标，并运用DSS（企业决策支持系统）、BI（商业智能）系统等，对企业战略投资、市场开发、网点布局、营销企划等进行科学决策。

2）连锁商业企业信息化平台优化的建议

连锁商业企业信息化的提升是一个不断完善、不断创新的过程。连锁商业企业应把握信息技术的发展趋势，借助先进的信息技术，提升企业管理水平和竞争能力。

首先，连锁商业企业要密切关注信息技术的发展，重视新技术的应用和开发，在应用新技术时，一定要与企业运行实际和未来发展战略相结合，不断提升企业的数据信息化、流程信息化和决策信息化，促进企业由粗放式管理逐步向精细化、信息化管理转变，全面提升企业现代化、信息化的商业运作水平和市场竞争力。

其次，根据企业信息化的实际和发展需求，精心选择合作商，优化信息系统管理，建立高效、安全的信息技术平台。随着连锁商业企业对信息技术需求的增大，越来越多的软件开发商加入到连锁商业软件的开发中来。但是有的开发商不懂连锁业务，不熟悉企业内部运营，导致其开发的软件系统难以有效运作；有的企业花巨资购买的新技术虽然世界一流，但由于本企业的管理水平无法匹配，也难以发挥作用。因此，连锁商业企业必须精心挑选信息技术开发商，通过双方合作，不断优化企业的信息管理系统，打造高效、安全的信息技术平台，促进信息流与企业资金流、物流和服务流实现有效互动。

最后，需要资金和人才的同步投入。信息化水平的提升，需要不断投入资金和人才。很多连锁商业企业在"规模制胜、速度制胜"的错误理念的引导下，将企业的大量资金和人力投入到门店的扩张上，而忽视了企业信息化建设。连锁商业企业发展的实践表明，如果没有强大的后台管理，特别是信息管理系统平台作为支撑，连锁门店的扩张以及规模化效益将成为泡影。当然，也有一些企业错误认为只要耗巨资引进先进的信息系统，就可以实现企业信息化，提升工作效率，降低运行成本。殊不知人才是关键，机器、设备、软件等都需要靠人来发挥作用和功能。因此，IT人才队伍建设是信息化水平提升的重要内容之一。

6.3　政府保障政策的诉求

市场经济发展的实践和经验表明，政府规制不会随着市场经济的发展而消失，而是随着市场经济发展，政府从全能政府向有限政府转变；从管制型政府向服务型政府转变，更倾向服务于市场，对市场的规制和监管也更加周密。政府规制在纠正市场失灵、维护公共利益和实现公平正义等发挥着重要的作用，但是，政府规制不是万能的，过度的规制会阻碍市场机制的发挥，窒息市场竞争和企业的创造力。因此，在后金融危机时代，中国政府如何助推连锁商业企业竞争力的提升值得深入研究和思考。本书结合实证研究中发现的问题，仅从政府职能转变和政府规制两个方面提出建议。

6.3.1　政府服务职能的跟进

中国经济由计划经济发展到市场经济，一直带有较强的"政府主导型"特点。回顾中国连锁商业企业的发展历程，政府主导型的烙印十分明显。在有些地方，甚至出现了政府行为替代市场行为的现象，如政府捆绑商业企业重组、兼并，企业跨区域发展受地方保护政策的限制，政府直接介入企业的经营决策，甚至助推不具备上市条件的企业上市圈钱……这些都有违公平交易、公平竞争的市场原则，造成了市场秩序混乱。故而，转变政府职能，使政府由管制型转向服务型，既是中国经济全球化对政府职能建设的新要求，也是中国市场经济发展的必然要求。但是，服务型政府不等于放松规制，而是通过规制维护公共利益，维护公平的市场竞争环境，保障市场的正常秩序，提高人民的福祉。结合政府规制在流通领域中存在的一些问题，本书认为服务型政府为助推连锁商业企业竞争力提升，在流通领域应重点发挥以下职能：

1）从微观规制转向宏观规制

在市场经济中，政府不应越俎代庖，直接参与或干预企业的正常经营活动，不能将企业市场行为变成政府行为的替代。近年来，各级政府对连锁企业的微观规制越来越多（如第3章所述），看似监管越来越周密、越来越细致，但是实践表明，有些微观规制治标不治本，或是上有政策下有对策，无法实施到位，导致政府规制权威性下降。从市场经济的长远发展来看，政府应从微观规制向宏观规制转变，应通过宏观规制，引导商业企业正确选择投资方向，合理配置资源，规范市场行为，走可持续发展道路。

2）充分发挥公共服务功能，为企业发展创造良好的环境

政府应彻底打破地域、行业、所有制等限制，形成真正的大流通，为跨区域、跨行业、跨所有制发展的商业企业创造良好的市场环境和发展环境。在有些地方，政府出于保护本地企业发展的目的，出台了限制竞争者进入本地市场的政策，也有些地方出台了只利于本地企业发展的优惠政策等，使政府职能沦为为某些利益集团、企业、地方政府等获取不当利益的工具。因此，服务型政府应充分发挥其公共服务功能，为企业发展营造良好的环境。

3）提高服务效能

对企业而言，时间就是金钱，效率和质量就是生命。同样，服务型政府在履行职责时，也应强调服务的效能，确保工作的高效化、规范化和高质量，使政府职能执行到位。在有些地方，政府机构在审批连锁商业企业新店选址、门店开业等事项时，对内资、外资或本地、外地的政策不一样，甚至程序繁琐、作风拖沓等，严重毁损了政府形象和声誉。因此，向服务型政府转型刻不容缓。要提高政府的服务效能，一方面，要求政府规制统一化、规范化、透明化；另一方面，要求政府不断创新管理制度和管理方式，提高服务能力和服务水平。

6.3.2 政府行业规制的创新

政府对商业领域的规制可谓规制过剩与不足并存。尽管政府已经从管制型向服务型转变，但是政府权力依然渗透到了微观商业领域的方方

面面，显示出了政府规制的过剩；而政府在商业网点规划、遏制恶性竞争、解决零供矛盾和企业融资难题等方面，表现出了政府规制的不足和缺失。故而，本书针对政府行业规制的不足，提出如下建议：

1）行业规制政策创新，规范市场行为

国家应尽快出台《商业网点规划管理条例》，规范商业网点建设，依法治商，依法治企，使商业网点规划工作走上法制化的轨道。早在2001年，原国家经贸委为适应加入WTO及现代流通业发展的新形势，针对大中城市商业网点规划存在的问题，下发了《关于城市商业网点规划工作的指导意见》（国经贸贸易〔2001〕789号），要求按照国际通行的规则，依据商业规划实施对商业项目的审查管理。自2004年以来，社会各界十分关注《商业网点规划管理条例》的制定和颁布，然而，时至今日尚未出台。在我国的一些城市，商业网点结构不合理的现象已经相当严重，导致恶性竞争不断，社会资源严重浪费。因此，建议政府有关部门尽快出台《商业网点规划管理条例》，使商业网点的规划建设和管理有法可依，促进社会资源的有效利用和商业网点的合理布局。

近些年，零供矛盾问题一直没有得到有效解决。尽管政府出台了《零售商供应商公平交易管理办法》、《零售商促销行为管理办法》、《零售商供应商公平交易行为规范》（SB/T10467—2008）等，但是由于存在违法成本低、各部门职责不够明确、调查取证认定难等诸多问题，执行效果并不理想。建议政府有关部门从维护公平交易本身的意义出发，不局限于现存问题，加快研究并制定规范零售商和供应商公平交易的行政法规，统一执法部门，提高立法层次和执法力度。

2）提高监管力度，营造公平、诚信、有序的市场环境

近年来，在流通领域频发的商品质量问题、商家价格欺诈问题、恶性竞争问题等，说明整个社会正面临着诚信缺失、道德缺失以及公平正义缺失的问题，也进一步说明了政府对商品质量的监管缺失，对公平市场交易秩序的监管缺失。

建议政府加强对流通领域商品质量的监管力度，净化市场环境，保护消费者利益。商品质量问题虽然暴露在流通领域，却反映了整个产业

链的监管缺失问题。因此，从加强立法到严格执法，各级政府应严格履行监管职能，加大对商品质量的监管力度，使制假者、贩假者无生存空间，无立足市场。

倡导诚信交易、公平交易。政府应加强对各种商业欺诈行为和违反公平交易原则的违法行为的打击力度，并将此项工作作为政府部门的常规工作，常抓不懈，严格执法、公正执法、文明执法，为连锁商业企业可持续发展营造公平、诚信、有序的市场环境。

6.4 本章小结

第一，运用系统论和战略管理理论，设计了内涵式发展路径，即充分发挥总部资源配置力、门店市场服务力、物流系统服务力，是连锁商业企业内涵式发展的内在运行基础；提升总部运营管理能力、门店商品服务能力和物流信息化水平是内涵式行为模式的内在运行要求，也是增强企业内生力、促进连锁商业企业永续发展的根本保障。

第二，从企业维度，提出了加强总部运营管理能力、门店商品服务能力和信息化水平建设，为连锁商业企业走内涵式发展道路提供了实践指导；从政府维度，建议政府从管制型向服务型转变，并尽快出台《商业网点规划管理条例》和规范零售商、供应商公平交易的规制，加强对市场的监管力度，为连锁商业企业可持续发展营造公平、诚信、有序的市场环境。

第 7 章　总结与展望

本章对本书的主要研究内容进行总结，并对今后的研究工作提出了展望以及努力的方向。

7.1　研究的主要结论

中国连锁商业企业是在与外资连锁商业企业的竞争中，通过不断模仿学习而成长起来的。因国内外对连锁商业企业竞争力的专门理论研究文献相对较少，系统性的研究更是一片空白，导致了中国连锁商业企业走上了粗放式管理、外延式发展的道路。在全球经济一体化的今天，在与外资连锁商业企业的竞争中，中国连锁商业企业越来越深感内力不足。因此，系统研究连锁商业企业竞争力提升的问题，具有理论和实践双重价值。本书基于资源能力理论，综合运用系统论、产业竞争优势理论以及价值链和供应链等理论和方法，对连锁商业企业竞争力的提升进行了深入研究，主要结论和创新性成果如下：

1）连锁商业企业竞争力的内涵

运用资源能力理论、竞争优势理论、企业树理论等，揭示了连锁商业企业竞争力的黑箱，界定了连锁商业企业竞争力，即在一定的市场环境中，与竞争对手相比，能够持续有效地满足顾客需求，获得比较竞争优势和自身发展的综合能力，其外显为品牌竞争力，内隐为物流配送力、门店运营力和总部管理力。

2）连锁商业企业竞争力结构模型

连锁商业企业竞争力由总部资源配置力、物流系统配送力和门店市场服务力构成，三大模块相互作用、相互支撑、相互转化，共同构成了连锁商业企业竞争力。其中，总部资源配置力是连锁商业企业竞争力的核心能力，是连锁商业企业赖以生存和实现永续发展的根本保证，决定了物流系统配送力和门店市场服务力；门店市场服务力是连锁商业企业竞争力的关键能力，是连锁商业企业赖以生存和实现永续发展的根本动因，承担着实现企业利润的目标，使企业全员劳动的价值得以实现；物流系统配送力是总部资源配置力的延伸，是连锁门店市场服务力得以实现的基础保障。"三力"共同决定了连锁商业企业竞争力的强弱，是连锁商业企业可持续发展的动力源泉。

3）连锁商业企业战略定位转型

运用波特的"五力"模型和资源能力理论，对内外部环境因素进行解析。研究结果表明，中国连锁商业企业正处于重要的转型时期：政府规制加强，全球化竞争加剧，供应商博弈能力增强，顾客的个性化需求、安全消费需求、网络消费需求与日俱增，内生资金不足，高素质人才短缺，信息化水平不高，门店有效资源不足等，使连锁商业企业战略定位转型成为企业生存、发展的唯一选择。战略定位转型是一个动态而复杂的过程，结合转型期连锁商业企业竞争力呈现出的经营模式转变与创新以及供应链整合与优化两个新特点，连锁商业企业需要三个方面的转型，即战略定位方向转型、行为模式转型，绩效测评方式转型。其中，战略定位方向由"做大"转向"做强"，行为模式由"外延式"转向"内涵式"，绩效测评方式由"规模导向"转向"质量导向"。

4）连锁商业企业行为模式转型

战略目标决定行为模式，在"做大"的战略目标下，连锁商业企业采取外延式行为模式，即通过规模扩张做大企业。规模扩张的方式主要有地域扩张、业态扩张、资本扩张和业制扩张四种，四种扩张方式相互融合。外延式行为模式由于强调通过要素投入数量扩大再生产，采取粗放型管理，忽视要素质量提升，导致企业内生力不足、人才匮乏、效率降低、抗风险能力下降，凸现了外延式行为模式粗放式增长的短视效应和资源配置扭曲的潜在风险，企业在"做大"的同时没有"做强"，竞争力提升困难。向内涵式转型成为连锁商业企业"做强"的唯一出路和选择。内涵式行为模式能够促进企业内生力的增长，提升企业的竞争优势和竞争力，使连锁商业企业获得了长效发展的动力。

5）连锁商业企业竞争力测评指标体系

运用主成分分析法，构建了基于"做强"导向的连锁商业企业竞争力测评指标体系，走出"以规模论企业竞争力"的评价导向。该指标体系由三个一级指标（总部资源配置力、物流系统配送力、门店市场服务力），七个二级指标（要素资源、运营管理能力、网络关系能力、成本控制能力、物流服务能力、市场发展能力和商品服务能力）和十八个三级指标构成。同时，运用该指标体系进行了个案的实证研究，研究结果表明，本书设计的评价指标体系能够客观、真实地反映连锁商业企业竞争力的构成及状况。

6）连锁商业企业竞争力提升方案

运用战略管理理论、供应链协同理论，明确了内涵式提升的理念和目标，设计了内涵式提升的策略方案，即提升总部运营管理能力，提升门店商品服务能力，提升物流信息化水平。其中，提升总部运营管理能力，是以战略理念提升为先，通过加强总部管控能力，优化业务流程，加强人才培育，建立零售商和供应商双赢的战略联盟等，做强连锁总部，提升总部资源配置力。提升门店商品服务能力，是以顾客需求为导向，通过加强品类管理、商品交付管理等，做强门店，扩大门店的商圈影响力和市场占有率，提升企业市场竞争力。提升物流信息化水平，是以企业效率和质量为目标，通过提高企业信息化水平，促进总部、门店和物流系统之间的协同，通过实现数据信息化提高数据信息价值，通过实现流程信息化提高企业运行效率，通过实现决策信息化提高决策的科学性。

为了营造公平、诚信、有序的市场环境，促进连锁商业企业竞争力的提升和可持续发展，建议政府从管制型向服务型转变，并尽快出台《商业网点规划管理条例》和规范零售商、供应商公平交易的规制，加强对流通领域商品质量、价格欺诈等问题的监管力度等。

7.2　研究展望

由于连锁商业在国民经济中的地位日益提升，连锁商业企业在社会经济建设、发展中发挥着越来越重要的作用，越来越多的专家学者开始关注连锁商业企业竞争力及相关领域的研究。本书的研究只涉及其中的一小部分，并囿于主客观条件的限制，尚有很多不足，待今后进一步研究。主要表现在：

第一，由于业态不同，商业企业的关键业务流程和运营管理亦有所不同，还需要进一步分析不同业态连锁商业企业在提升企业竞争力方面的差异度，并结合业态特点，进一步给出该业态企业竞争力提升的较完整的解决方案。

第二，在连锁商业信息化、供应链一体化的发展趋势下，还需要进一步对连锁商业企业线上（网店）与线下（实体店）的企业竞争力提升进行理论和实践探索等。

主要参考文献

[1]魏志强.GDP增速困局[J].中国新时代,2013(7):54-55.

[2]曹立生. 大型零售企业销售增速为何大幅下滑[N]. 中国商报,2013-01-25 (11) .

[3]中国连锁经营协会，德勤会计师事务所.中国连锁零售企业经营状况分析报告（2011—2012）[R/OL].北京：中国连锁经营协会，德勤会计师事务所,2012(5):3-4[2012-07-20].http://www.ccfa.org.cn/uploadImg/i/2014/07/20/1405861013145$1546575848060253350.pdf.

[4]范晓屏.关于企业竞争力内涵与构成的探讨[J].浙江大学学报：人文社科版，1999(6):62-68.

[5]曹建海.过度竞争论[M].北京:中国人民大学出版社,2000:10-11.

[6]President's commission on industrial competitiveness, global competition: the new reality[R]. Washington D C: Government Printing Office,1985:26.

[7]PRAHALAD, HAMEL. The core competence of the corporation [J]. Harvard Business Review, 1990:75-87.

[8]WORLD ECONOMIC FORUM. Global competitiveness report 1994[R].Davos:World Economic Forum,1994.

[9]科特勒,阿姆斯特朗.市场营销[M].余利军,译.北京:华夏出版社,2001:121-135.

[10]金碚.论企业竞争力的性质[J].中国工业经济,2001(10):5-10.

[11]PORTER. Towards a dynamic theory of strategy [J]. Strategic Management Journal ,1991 (12):95-117.

[12]韩中和.企业竞争力:理论与案例分析[M].上海:复旦大学出版社,2000(7):4-5.

[13]李刚.企业竞争力研究的新视角:企业在产品市场与要素市场的竞争[J].中国工业经济,2007(1):61-67.

[14]胡大力.企业竞争力决定因素及其形成机理分析[M].北京:经济管理出版社,2005.

[15]CLARK. Toward a concept of workable competition [J].American Economic Review, 1940,(30):241-256.

[16]BAINJS.Industrial organization[M].New York:Wiley,1959.

[17]PORTER.Competitive advantage[M].Cambridge:The Free Press,1985:4-7.

[18] PORTER. Competitive advantage[M].Cambridge:The Free Press,1985:34.

[19]PENROSE E T. The theory of the growth of the firm [M]. 3rd ed. Oxford: Oxford University Press, 1959.

[20]WERNERFELT. A resource-based view of the firm [J]. Strategic Management Journal, 1984,12(5): 171-180.

[21]BARNEY J. Firm resource and sustained competitive advantage [J]. Journal of Management, 1991, (17) : 99-120.

[22]RICHARDSON G B. The organization of industry [J]. Economic Journal, 1972, 82: 883 - 896.

[23]CHANDLER.Scale and scope:the dynamics of industrial capitalism[M].London:Harvard University Press,1994.

[24]PRAHALAD C K, HAMEL G. Thecore competence of the corporation [J]. Harvard Business Review, 1990, 5 (6) : 89-98.

[25]STALK G, EVANS P, SCHULMAN L E .Competing on capabilities: the new rules of corporate [J]. Harvard Business Review,1992.

[26]TEECE D J , PISANO G , SHUEN A . Dynamic capabilities strategic management[J]. Strategic Management, 1997, 18 (7) : 23-36.

[27]DEMSETZ H. The theory of the firm revisited [J]. Journal of Law,Economics and Organization, 1988, 484-495.

[28]野中郁次郎,竹内弘高. 创造知识的企业:日美企业持续创新的动力[M]. 李萌，高飞，译. 北京：知识产权出版社，2006:69-72.

[29] NONAKA I. A dynamic theory of organizational knowledge creation [J]. Organizational Science, 1994 (1):14-37.

[30]WOODRUFF.Customer value:the next source for competitive advantage[J].Journal of the Academy of MarketingScience, 1997:25(2):139-153.

[31]任学锋,李坤,顾培亮.顾客价值战略与企业竞争优势[J].南

开学报，2001(5):84-89.

[32]董大海,金玉芳.作为竞争优势重要前因的顾客价值:一个实证研究[J].管理科学学报，2004(5):84-90.

[33]胡大立.卢福财,汪华林.企业竞争力决定维度及形成过程[J].管理世界,2007(10):164-165.

[34]李显军.企业竞争力形成机理[J].数量经济技术经济研究,2002(10):57-60.

[35]THOMAS H B,KENDALL W A. Toward a contingent resource- based theory:the impact of information asymmetry on the value of capabilities in veterinary medicine[J]. Strategic Management Journal, 1999(3):223-251.

[36]FEURER,CHAHARBAGH.Strategy development: past, present and future[J].Management Decision,1995(6): 11-21.

[37]柴小青.竞争战略选择的影响因素分析[J].商业研究,2002(5):20-23.

[38]金碚.中国企业竞争力报告(2008)[M].北京:社会科学文献出版社,2008(11):7-9.

[39]李显君.国富之源:企业竞争力[M].北京:企业管理出版社,2002.

[40]王建华,王方华.企业竞争力评价的指标体系研究[J].软科学,2002(3):63-66.

[41]吴应宇,于国庆.企业可持续竞争能力的系统评价研究[J].东南大学学报:哲学社会科学版,2003(1):43-48.

[42]陈文俊,唐若兰.企业竞争力的识别与评价体系[J].理论与改革,2005(3):79-82.

[43]ORAL.Methodology for competitiveness analysis and strategy formulation in class industry [J]. European Journal of Operational Research, 1993.

[44]卜心怡.多角化经营企业竞争力的定量评价[J].技术经济与管理研究,2001(2):28-30.

[45]肖惠,包钢.企业核心竞争力的AHP-GRAP-PPM[J].科技进步与对策,2005(3):124-126.

[46]刘晓斌.零售企业竞争力定量评价分析[J].商业经济文荟,2005(2):5-10.

[47]祝波,吕文俊.零售企业竞争力评价体系及模糊综合判断[J],上海大学学报:自然科学版,2002(8):357-361.

[48]汪旭晖.零售企业核心竞争力的跨国转移:一个理论框架[J].财贸经济,2006(05):67-72.

[49]李飞,曹兰兰.零售企业核心竞争力概念、内容和测评[J].科学学研究,2006(12):564-569.

[50]李飞、汪旭晖.零售企业竞争优势形成机理的研究[J].中国软科学,2006(6):129-137.

[51]肖怡.零售企业核心能力理论框架分析[J].商业经济与管理,2001(7):29-31.

[52]李飞,刘明葳.中外大型零售企业竞争能力比较研究[J].市场营销导刊,2005(4):14-17.

[53]杨扬.中国零售企业竞争力研究[D].武汉:华中科技大学,2005:8-9.

[54]张桂芝.商场综合竞争力评价指标体系研究[J].江苏商论,2002(12):23-25.

[55]赵海燕,冯云清,冯云波.我国零售企业核心竞争力策略[J].合作经济与科技,2005(6):17-19.

[56]谢守祥,沈正舜.基于顾客价值的企业核心竞争力塑造[J].湖南行政学院学报,2004(5):29.

[57]MICHAEL, BARTON.Essential of retailing[M].New York: Mcgraw-HillCompanies, 1996.

[58]贾平,李开成.百货零售企业核心竞争力结构解析[J].商场现代化,2006(02):4-5.

[59]张金萍.商业零售企业竞争力构成要素及其作用机制[J].商业研究,2008(5):112-114.

[60]肖怡.零售企业竞争优势来源分析[J].商场现代化,2003(6):23-25.

[61]邵一明,钱敏.零售企业竞争力指标与评价模型[J].统计与决策,2003(6):17-18.

[62]岳中刚.基于因子分析法的区域零售业竞争力研究[J].产业经济研究,2006(2):24-29.

[63]张东风,杜纲.现代零售公司竞争力评价研究[J].河北科技大学学报,2005(9):249-253.

[64]王桂根.我国零售企业竞争力研究[D].北京:北京工商大学,2007:24-25.

[65]耿长慧.我国大型零售企业竞争力评价研究[D].沈阳:东北大学,2009:35-38.

[66]张微.降低成本提高我国零售企业竞争力[J].学术交流,2003(09):80-82.

[67]付铁山,商荣华.以现代物流的导入提高我国零售企业的竞争力[J].经济师,2004(4):174-175.

[68]王铁民,何磊,莫肇锋,等.建立客户关系管理系统,提高零售企业的竞争力[J].石油库与加油站,2005(1):22-25.

[69]亓文会.电子商务——提升零售企业核心竞争力的利器[J].商场现代化,2005(04):79-80.

[70]葛建华.信息能力与现代零售企业的核心竞争力[J].财贸经济,2005(1):48-53.

[71]张新国.提高我国零售企业国际竞争力的对策[J].中国流通经济,2005(5):35-38.

[72]余凯.实施供应链管理提高我国零售企业竞争力[J].流通论坛,2005(13):13-14.

[73]张淑梅,王海涛.培育自有品牌商品提升我国零售企业的核心竞争力[J].商场现代化,2007(08Z):122-123.

[74]阮雪芹，卢润德.基于顾客价值提升零售企业竞争力[J].企业活力，2010 (3)：33-35.

[75]窦凤英，卿卫平. 我国零售企业如何构建核心竞争力[J].河北经贸大学学报，2003(2)：62-67.

[76]祝合良.新世纪提高我国零售企业竞争力的基本思路[J].经济与管理研究，2005(4)：68-71.

[77]苗志娟，王晓凯.我国零售企业构建核心竞争力的基本思路[J].陕西科技大学学报：自然科学版，2008(4):162-165.

[78]王钦，徐玉德.连锁经营:实现我国流通产业现代化的必然选择[J].甘肃社会科学，2002(4):140-142.

[79]操阳.连锁经营原理与实务[M].北京：高等教育出版社，2008.(6):3-4.

[80]操阳.连锁经营优势分析:在新兴古典经济学视角下[J].江苏商论，2009(7):10-13.

[81]MCCLELLAND.Economics of the supermarket[J].Economic Journal, 1962, 75 (285): 154-170.

[82]OFTER. Returns to scale in entail trade.[J].Review of Income and Wealth,1973:19: 368-384.

[83]SHAWS A, NISBETD J, DAWSONJA.Economies of scale in UK supermarket: some preliminary findings.[J].International Journal of Retailing,1989, 4(5):13-26.

[84]THURIK,AR, KOETSJ.On the use of super market floorspace and its efficiency[J].The Economies of Distribution, Milan, 1984.

[85]CIONIF, MILLERIM.From number of sales to market share: the determination of the market position (quantitative)of supermarket[C].Edinburgh: Seminar on Adding Value to Retail Offerings, 1989.

[86]周瑜胜.连锁企业竞争力研究[D].广州：暨南大学,2004:

11.

[87]何珊.专业连锁零售企业核心竞争力研究[D].石家庄:河北经贸大学,2008:11-20.

[88]周瑜胜.连锁企业竞争力研究[D].广州:暨南大学,2004:32-36.

[89]李赞平.我国连锁零售企业核心竞争力分析[D].天津:天津财经大学,2006:11-12.

[90]罗剑宏,孙尉栋.连锁经营企业竞争力评价体系构建研究[J].市场研究,2007(9):49-50.

[91]李华方,杨凡. 基于模糊综合评价的连锁零售店面竞争力研究[J].时代经贸,2006(6):16-18.

[92]徐印州,相晓伟.本土连锁便利店企业核心竞争力评价方法研究[J].中国零售研究,2010(1):20-41.

[93]张君芝,何花,王华.基于AHP方法的连锁零售企业竞争力研究——以国美电器和苏宁电器为例[J].经济视角,2012(3):60-62.

[94]王崇彩.连锁零售企业竞争力的AHP评价探讨[J].武汉工业学院学报,2012(2):85-88.

[95]董仕华,基于模糊综合评价的连锁便利店企业竞争力研究[J].生产力研究,2012(11):207-210.

[96]李定珍.中国大型连锁零售企业成长路径评析[J].中国流通经济,2008(8):49-52.

[97]李赞平.我国连锁零售企业核心竞争力分析[D].天津:天津财经大学,2006:24-31.

[98]何珊.专业连锁零售企业核心竞争力研究[D].石家庄:河北经贸大学,2008:34-43.

[99]PENROSE E.The theory of the growth of the firm[M]. New York: Wiley, 1959.

[100]WERNERFELT.Aresource-based view of the firm [J]. Strategic Management Journal, 1984, 12 (5) : 89-96.

[101]宝贡敏.现代企业战略管理[M]郑州:河南人民出版社,2001:12.

[102]陈永山.企业树[M].北京:机械工业出版社,2006:45-53.

[103]操阳.系统论视角下的连锁商业企业竞争力结构解析[J].现代经济探讨,2011(4):54-58.

[104]许基南.品牌竞争力研究[D].南昌:江西财经大学,2004:28.

[105]唐友明.品牌竞争力的内涵及模糊评价[J].长江大学学报:社会科学版,2008(8):70-72.

[106]CHEMATORY, MCDONALD.Creating powerful brands[M]. Oxford:Buderworth-Heinermann, 1998.

[107]AAKER,JOACHIMSTHALER. Brand leadership[M]. New York: Simon & Schuster, 2002.

[108]张放.企业品牌竞争力及其评价研究——以中国烟草行业为例[D].武汉:武汉理工大学,2010:41.

[109]欧阳文和.零售企业规模复制可能性定理的实证与理论——沃尔玛案例及其启示[J].云南社会科学,2009 (6):103-107.

[110]周殿昆.商业连锁公司快速成长奥秘:规模经济与三赢价值链分析[C]//"2003推进商贸流通现代化"研讨会论文集.2003.

[111]李飞.零售企业物流模式对其竞争优势的影响研究[J].商业经济与管理, 2009(1):14-21.

[112]ANION.The Past, present and future of customer access centers[J].International Journal of Service Industry Management, 2000,11(2):120-130.

[113]王国才,王希凤.CDL物流在零售连锁业中的应用初探[J].商业研究, 2005(15):211-213.

[114]DATF. Learning the craft of organizational research[J]. The Academy of Management Review,1983, 8(4):539-547.

[115]SCHANKR,ABELSONR. Scripts plans goals and understanding [M]. Hillsdale,NJ: Lawrence Erlbaum, 1977.

[116]MICHAEL, LEONARD, KATSUHIKO,et al.Direct and moderating effects of human capital on strategy and performance in professional service firms: a resource-based perspective[J].The Academy of Management Journal, 2001,44(1):13-28.

[117]BOURLAKIS M, BOURLAKIS C. Integrating logistics and information technology strategies for sustainable competitive advantage[J]. Journal of Enterprise Information Management, 2006, 19(4):389-402.

[118]宝贡敏.现代企业战略管理[M].郑州:河南人民出版社, 2001:55-56.

[119]张和群.社会规制理论综述[J].中国行政管理,2005 (10):61-63.

[120]吕恒立."入世"条件下我国政府经济规制的变革[J].入世与政府先行,2002(5):186-196.

[121]张洁. 商贸企业违规收费整顿步入收官[N].中国证券报.2012-09-14.

[122]陈勇,蓝彬珍.商务部规治单用途预付卡中小企业利益被分羹[N].经济观察报, 2012-11-02.

[123]单用途商业预付卡管理工作取得阶段性成果[EB/OL]. (2013-02-06).http://bgt.mofcom.gov.cn/article/c/d/ 201302/20130200024561.shtml.

[124]节能环保促零售业可持续发展[N].国际商报. 2012-11-22.

[125]庞丽静.收编日日顺海尔电器初步转型渠道商[N].经济观察报,2011-01-08.

[126]艾瑞咨询：2011年中国网络购物年度数据发布[EB/OL].(2012-01-11). http://it. sohu. com/20120111/n331908341. shtml.

[127]黄贞.观念转变催生消费升级[J].中国商贸,2008(9):42-44.

[128]张晓文,于武,胡运权. 企业竞争力的定量评价方法[J].管理评论,2003(1):32-37.

[129]江大维.流通企业盈利模式探析[J].上海商业, 2006(1):66-68.

[130]岳中刚,赵玻.通道费与大型零售商盈利模式研究:基于双边市场的视角[J].商业经济与管理,2008(8):3-9.

[131]杨丽华. 中国零售企业须警惕资金链风险[N]. 国际商报,2009-11-04.

[132]崔春雨.连锁业面临人才升级压力[N]. 中国财经报,2008-12-26.

[133] 2008中国连锁企业人力资源状况调查报告[EB/OL].(2008-11-05). http://www. linkshop. com.cn/web/archives/2008/101563.shtml.

[134]姜友林.新时期我国连锁零售业的转型升级问题探讨[J].商业时代,2013(12):28-30.

[135]计世资讯(CCW Research).2010年中国流通行业信息化建设与IT应用趋势研究报告[EB/OL].(2010-03). http://www.21ask.com/htmls/v147269.html.

[136]TEECE D J, PISANO G, SHUEN A. Dynamic capabilities and strategic management[J].Strategic Management Journal,1997,18 (7):509-533.

[137]EISENHARDT K M,MARTIN J A.Dynamic capabilities: what are they? [J].Strategic Management Journal, 2000(21):1105-1121.

[138]MORRISON, ROTH. A taxonomy of business-level

strategies in global industries [J]. Strategic Management Journal, 1992(13):399-417.

[139]HAKAN, LINDFORS. Management for change: on strategic change during recession [J]. Journal of Business Research,1998,41(1):57-70.

[140]GOUILLART,KELLY.Transforming the organization [M].New York:McGraw-Hill,1995.

[141]邓少军,焦豪,冯臻.复杂动态环境下企业战略转型的过程机制研究[J].科研管理,2011, 32(1):60-67.

[142]方惠,乞建勋.连锁企业规模扩张的理论思考[J].财贸经济,2005(2):73-79.

[143]胡永明,陆宏伟. 转轨时期企业行为的合理化[J].中国人民大学学报,1987(5):88-94.

[144]杜琰. 现代企业绩效评价的几种新方法[J].中国质量,2004(7):18-21.

[145]李想. 内资连锁超市企业发展模式研究[D].北京：中国地质大学,2005(5):31.

[146]郎咸平.模式:连锁零售业战略思维和发展模式[M].北京:东方出版社,2006.

[147]范晓林.大卖场扎堆开店引起关注欧尚"闯"进河西超市群[N]. 南京日报,2008-04-16.

[148]中国商业联合会,中华全国商业信息中心.2010零售百强分析报告：跨区域并购战略[EB/OL]. (2011-05-31). http://www.linkshop.com.cn/web/archives/2011/164133.shtml.

[149]杨宜苗.业态战略、企业规模、资本结构与零售企业成长——以零售上市公司为样本[J]. 财贸研究,2010(1):119-126.

[150] 2012年度中国网络零售市场规模超过1万亿元[EB/OL]. (2013-02-05) .http://news.china.com.cn/tech/2013-02/05/content_27892734.htm.

[151]范旭光.传统零售业进军网售踩刹车[N].新京报, 2012-

06-28.

[152]中国连锁经营协会，德勤会计师事务所.中国连锁零售企业经营状况分析报告（2011—2012）[R/OL].北京：中国连锁经营协会，德勤会计师事务所,2012(5):7[2012-07-20].http://www.ccfa.org.cn/uploadImg/i/2014/07/20/1405861013145$15465758480060253350.pdf.

[153]中国连锁经营协会.2010中国特许经营连锁120强调查报告[EB/OL]. (2011-06-09).http://www.linkshop.com.cn/web/archives/2011/165000.shtml.

[154]MINTZBERG.The structuring of organizations[M]. Englewood Cliffs,N. J.: Prentice-Hall,1979:15.

[155]李骏阳.我国零售企业盈利模式研究[C]//中国市场学会2006年年会暨第四次全国会员代表大会论文集,2006.

[156]周殿昆.连锁公司快速成长的奥秘[M].北京：中国人民大学出版社,2006.

[157]赵霞,周殿昆.零售企业连锁扩张的边界分析[J].财贸经济,2010(7):127-132.

[158]郑建玲.内涵式发展——传统产业升级的关键[J].北京:中国品牌,2007(4): 57.

[159]赵凯.零售企业规模扩张侵占供应商利益实证研究[J].经济与管理研究,2009(4):85-90.

[160]徐国.进场费:不只是零供矛盾[J].中国药店,2011(4): 24.

[161]于盟.零供矛盾短期仍然无解[N].国际商报,2011-01-31(008).

[162]黄国雄.零供矛盾的深层原因在哪里[N]. 中国商报,2012-01-20(015).

[163]操阳.中国连锁业回归竞争力"原点"的探析[J]. 现代经济探讨,2009(4):54-58.

[164]2013年中国连锁百强座次重排情况探讨[EB/OL].(2013-

04-18). http://www. chinairn. com/news/20130418/
084240313.html.

[165]STRAUSS-KAHN,VIVES.Why and where do headquarters move[J].Regional Science and Urban Economics,2009, 39 (2):168.

[166]任剑新.层次分析法在我国中小企业竞争力评价中的应用 [J].系统工程理论与实践,2003(8): 91-95.

[167]许良,王善坤.连锁物流能力体系构建与实证研究[J].工业技术经济,2011(12):85-93.

[168]MORASHE DR, VICKERYS. Strategic logistics capabilities for competitive advantage and firm success[J].Journal of Business Logistics,1996,17 (1):1-22.

[169]AMIT,SCHEMAKER.Strategic assets and organizational rent[J].Strategic management Journal, 1993, 14(1):33-46.

[170]梁健爱,龙海燕.基于因子分析法的广西连锁零售业竞争力研究[J].广西财经学院学报,2010(5): 40-44.

[171]张亚丽.基于灰色系统的连锁企业物流内部绩效评价[J].财会通讯,2010(1):39-40.

[172]潘文荣.企业物流绩效评价指标体系的构建[J].统计与决策,2005(11):162-163.

[173]刘莉.连锁药店物流服务和物流能力研究[J].经济问题,2008 (5):66-69.

[174]张星青.零售企业竞争力评价指标体系的建立与应用[D].上海: 上海海事大学,2007: 27.

[175]武永红,范秀成.基于顾客价值的企业竞争力整合模型探析 [J].中国软科学,2004(11):86-92.

[176]贝当古.零售与分销经济学[M].刘向东, 沈健, 译.北京: 中国人民大学出版社,2009(6):21-23.

[177]成栋．整合客户关系管理与品类管理[M].商业研究,2005 (11):76-78．

[178]沃尔玛（湖北）商业零售有限公司.谈谈沃尔玛的自有品牌 [J]．武汉商务，2011(6):21-22．

[179]黄良军.沃尔玛东莞布阵背后[N].东莞时报,2010-07-20 （A27）．

连锁商业企业竞争力评价基本因素的问卷调查

企业基本信息部分

企业名称：_____填表人职位：_____

企业所在地：_____企业所属行业：_____

企业性质：_____（国企/外资/私营/其他）

问卷部分

一、填空题部分：

1. 您所在企业的利润率一般保持在_____%。

2. 您所在企业的资产负债率（企业负债占总资产的比重）为____%。

3. 您所在企业的流动资金周转一次大约需要_____天。

4. 您所在企业本科及以上学历人员占全部员工的比例为_____%。

5. 您所在企业每年投入在人力资本上的资金（如培训等）占企业总收入的比重为_____%。

6. 您所在企业每年平均在每个员工身上的人力资本投入为____元。

7. 您所在企业全部员工数目为_____人。

8. 您所在企业的年销售额为万_____元。

9. 您所在企业近年来销售额的年均增长率为_____%。

10. 您所在企业的物流系统是_____（自有物流/外包物流）。

11. 您所在企业提供物流配送服务的物流配送中心数量为_____。

12. 您所在企业提供物流配送服务的车辆数量为_____。

13. 您所在企业物流系统的年配送量为_____吨。

14. 您所在企业目前物流系统累计固定资产总额为_____万元。

15. 您所在企业每年投入物流配送信息系统的资金为_____万元。

16. 您所在企业物流配送信息系统累计投入资金为_____万元。

17. 您所在企业货物仓储成本占总成本的比重为_____%。

18. 您所在企业的存货周转率（销货成本与存货平均余额的比重）为_____%。

19. 您所在企业货物配送成本占总成本的比重为_____%。

20. 您所在企业拥有的门店数量为_____，其中一级城市门店数量为_____，二级城市门店数量为_____。

21. 您所在企业的卖场营业面积为_____平方米。

22. 您所在企业每平方米营业面积上产生的营业额为_____元。

二、选择题部分：

请结合实际情况对题目表述的认可程度进行选择，并在相应的选项上打"√"（见附表 1）。"A"表示非常不同意，"B"表示不同意，"C"表示不一定，"D"表示同意，"E"表示非常同意。

附表 1　　　　　　　　　　选择题部分

题号	题目	解释	A	B	C	D	E
23	您所在企业中的中高层人员流动性较小	反映企业管理层稳定程度					
24	您所在企业在本地本行业中位于前列	反映企业在区域市场中的地位状况					
25	您所在企业运作过程中的信息化程度较高	反映企业的信息资源状况及信息化水平					
26	您所在企业的高层领导在企业发展过程中偏向于高风险决策	反映企业战略制定过程中的风险偏向性					

续表

题号	题目	解释	A	B	C	D	E
27	您所在企业基本没有机制对员工的流程创新等创新行为进行鼓励	反映企业战略制定及实施中的企业创新倾向					
28	您所在的企业能够定期制定整体发展规划	反映企业整体发展战略观及资源统筹状况					
29	您所在企业制定的发展规划目标可以细分到各部门执行	反映企业战略目标的可实施性					
30	您所在企业近年来的整体发展规划基本都能达到预期效果	反映企业战略执行性及目标实现程度					
31	您所在企业的业务流程划分非常细致	反映业务流程的清晰度					
32	您所在企业的业务流程可以实现标准化	反映业务流程的标准化及推广的可行性					
33	您所在企业的员工能够明确按照业务流程进行相应的操作	反映业务流程的可执行性					
34	您所在企业的业务流程会根据实际举行状况定期调整	反映企业流程调整、优化、执行的情况					
35	您所在企业的总部能够对物流系统运作进行有效的监督	反映企业对物流系统的管控能力					
36	您所在企业的物流系统运作出现问题时，总部有权进行干涉调整	反映总部对物流系统的分权程度					
37	您所在企业的总部对门店运营有较大的控制权	反映总部对门店分权的程度					
38	您所在企业的总部能够对门店运营进行有效的监督	反映总部对门店的管控能力					
39	您所在企业的门店运营出现问题时，总部有权进行干涉调整	反映总部对门店的控制程度					
40	您所在企业进货时可以与供应商讨价还价	反映企业在供应链中的市场地位					

续表

题号	题目	解释	A	B	C	D	E
41	您所在企业曾与供应商合作进行商品开发	反映企业与供应商是否有战略合作关系					
42	您所在企业曾与供应商合作组织各类活动	反映企业与供应商的关系是否良性					
43	您所在企业的供应商相对稳定	反映企业与供应商关系的可持续发展程度					
44	您所在企业与主要竞争对手的实力差距较小	反映企业所处的市场地位					
45	您所在企业与竞争对手间存在恶性竞争情况	反映企业与竞争者的关系是否良性					
46	您所在企业与竞争对手间曾有过一定程度的合作	反映企业与竞争者的关系是否良性					
47	您所在企业经常参与政府举行的各类相关活动	反映企业与政府关系良性化程度					
48	您所在企业中有中高层管理人员原先供职于政府及相关机构	反映企业与政府关系良性化程度					
49	您所在企业能较好地遵守商业规则及相应政策	反映企业的经营规范程度					
50	您所在企业是当地的纳税大户	反映企业的公益事业贡献率					
51	您所在企业已经基本实现物流配送系统信息化	反映企业信息系统的覆盖程度					
52	您所在企业的物流配送信息化提高了物流配送效率	反映企业信息系统的效果					
53	您所在企业货物配送过程中的空车率较高	反映企业物流配送成本情况					
54	您所在企业物流配送系统接到送货通知后能够迅速反应	反映企业系统化处理订单的能力					

题号	题目	解释	A	B	C	D	E
55	您所在企业物流配送系统的送货速度较快	反映企业物流系统的配送效率					
56	您所在企业物流配送过程中一般不会出现交货错误	反映企业物流系统交货的准确性					
57	您所在企业物流系统在门店订单调整时能够快速调整配送服务	反映企业物流系统对门店需求的快速反应能力					
58	您所在企业物流系统在节假日等特殊情况时能够根据情况及时调整	反映企业物流系统的节假日调整能力					
59	您所在企业物流系统能够对门店的物流投诉进行及时处理	反映企业物流系统对门店投诉的快速处理能力					
60	您所在企业拥有一批忠诚的顾客	反映门店顾客忠诚度					
61	您所在企业中老顾客的消费所占份额较大	反映门店顾客满意度					
62	您所在企业门店商品品种的种类较为丰富	反映门店品类服务的广度					
63	您所在企业门店单个商品的品牌较为丰富	反映门店品类服务的深度					
64	您所在企业门店单个商品的质量跨度较大	反映门店品类服务的深度					
65	您所在企业门店销售基本可以做到现货供应	反映门店现货交付能力					
66	您所在企业门店销售中消费者结账基本无需排队等待	反映门店结账效率和服务水平					
67	您所在企业门店员工服务态度较好	反映门店员工素质及服务质量					
68	您所在企业门店投诉率较高	反映门店服务质量和水平					
69	您所在企业门店布置基本统一	反映门店卖场规划设计的规范性					
70	您所在企业的顾客对购物环境比较满意	反映门店提供环境服务的能力					

您认为其他影响企业竞争力的因素：_____

连锁商业企业竞争力"三力"模块的效度和信度检验结果

1）总部资源配置力模块（见附表 2、附表 3、附表 4、附表 5）

附表 2　**要素资源：KMO 和 Bartlett 检验、Cronbach's Alpha 值**

	取样足够度的 Kaiser–Meyer–Olkin 度量	Bartlett 的球形度检验 Sig.	Cronbach's Alpha 值
资金资源	0.570	0.000	0.781
人力资源	0.593	0.000	0.776
其他资源	0.632	0.000	0.784

附表 3　**运营管理能力：KMO 和 Bartlett 检验、Cronbach's Alpha 值**

	取样足够度的 Kaiser–Meyer–Olkin 度量	Bartlett 的球形度检验 Sig.	Cronbach's Alpha 值
企业战略	0.830	0.000	0.742
流程管理	0.662	0.000	0.848
对门店的管控	0.745	0.000	0.914

附表 4　**网络关系能力：KMO 和 Bartlett 检验、Cronbach's Alpha 值**

	取样足够度的 Kaiser-Meyer-Olkin 度量	Bartlett的球形度检验 Sig.	Cronbach's Alpha 值
与供应商的关系	0.607	0.000	0.739
与竞争对手的关系	0.581	0.001	0.726
与政府的关系	0.613	0.001	0.746

附表 5　**总部资源配置力：KMO 和 Bartlett 检验、Cronbach's Alpha 值**

	取样足够度的 Kaiser-Meyer-Olkin 度量	Bartlett的球形度检验 Sig.	Cronbach's Alpha 值
要素资源	0.731	0.000	0.608
运营管理能力	0.616	0.001	0.776
网络关系能力	0.672	0.000	0.689

2）物流系统配送力模块（见附表 6、附表 7、附表 8）

附表 6　**物流运送能力：KMO 和 Bartlett 检验、Cronbach's Alpha 值**

	取样足够度的 Kaiser-Meyer-Olkin 度量	Bartlett的球形度检验 Sig.	Cronbach's Alpha 值
信息化程度	0.631	0.000	0.901
配送成本控制	—	—	—

附表 7　**物流服务能力：KMO 和 Bartlett 检验、Cronbach's Alpha 值**

	取样足够度的 Kaiser-Meyer-Olkin 度量	Bartlett的球形度检验 Sig.	Cronbach's Alpha 值
交付能力	0.669	0.000	0.808
快速响应能力	0.526	0.000	0.979

附表 8　**物流系统配送能力：KMO 和 Bartlett 检验、Cronbach's Alpha 值**

	取样足够度的 Kaiser-Meyer-Olkin 度量	Bartlett的球形度检验 Sig.	Cronbach's Alpha 值
成本控制能力	—	—	—
物流服务能力	0.643	0.000	0.603

3）门店市场服务力模块（见附表 9、附表 10、附表 11）

附表 9　市场发展能力：KMO 和 Bartlett 检验、Cronbach's Alpha 值

	取样足够度的 Kaiser-Meyer-Olkin 度量	Bartlett 的球形度检验 Sig.	Cronbach's Alpha 值
门店网点资源	—	—	—
门店销售能力	0.765	0.000	0.817

附表 10　商品服务能力：KMO 和 Bartlett 检验、Cronbach's Alpha 值

	取样足够度的 Kaiser-Meyer-Olkin 度量	Bartlett 的球形度检验 Sig.	Cronbach's Alpha 值
品类服务能力	0.574	0.000	0.873
交付服务能力	0.623	0.001	0.717
软服务能力	0.667	0.000	0.775

附表 11　门店市场服务力：KMO 和 Bartlett 检验、Cronbach's Alpha 值

	取样足够度的 Kaiser-Meyer-Olkin 度量	Bartlett 的球形度检验 Sig.	Cronbach's Alpha 值
市场发展能力	0.641	0.001	0.717
商品服务能力	0.583	0.000	0.639

连锁商业企业竞争力测评基础数据表

附表 12　　　　连锁商业企业竞争力测评基础数据表

三级指标	测评要点	单位	基础数据		
			最大值	最小值	均值
资金资源	利润率	%	35	0	10.06
	资产负债率	%	94.6	0	51.34
	流动资金周转天数	天	240	0	30.88
人力资源	本科及以上学历人员比例	%	50	0.6	12.88
	人力资源开发成本率	%	8	0	0.842
	中高层人力资本流动性	分	5	3	4.00
其他资源	销售规模	亿元	1 562.23	1.20	11.951
	市场份额	分	5	2	4.20
企业战略	鼓励创新	分	4	1	2.13
	整体发展战略的制定	分	5	2	4.20
	发展目标的可操作性	分	5	2	3.93
	以往战略目标的完成效果	分	5	2	3.97

续表

三级指标	测评要点	单位	基础数据		
			最大值	最小值	均值
业务流程管理	业务流程的清晰度	分	5	2	3.93
	业务流程的标准化	分	4	2	3.77
	业务流程的可操作性	分	5	2	3.87
	业务流程调整	分	5	2	3.97
对门店的管控	门店运营的自主程度	分	5	3	4.07
	总部对门店监督的有效性	分	5	3	4.20
	总部对门店决策的影响程度	分	5	3	4.20
与供应商的关系	与供应商的议价能力	分	5	3	3.83
	与供应商是否有战略合作关系	分	5	2	3.17
	供应商的稳定程度	分	5	3	4.10
与竞争对手的关系	与竞争对手的实力差距	分	4	2	3.43
	与竞争对手是否有合作关系	分	4	2	2.73
与政府的关系	政府活动的参与程度	分	5	3	4.07
	企业经营规范程度	分	5	3	4.23
配送成本控制	配送成本占比	%	40	0.1	7.52
	配送空车率较高	分	4	1	2.43
信息化程度	信息系统覆盖面	分	5	2	3.83
	信息系统效果	分	5	3	3.93
交付能力	对门店订单的处理能力	分	5	3	3.97
	交货速度	分	5	3	3.80
	交货的准确性	分	5	2	3.77
快速响应能力	对门店需求变化的快速反应能力	分	5	2	3.83
	节假日的物流调整能力	分	5	2	3.87

续表

三级指标	测评要点	单位	基础数据		
			最大值	最小值	均值
门店网点资源	门店网点数量	个	1 700	3	338.47
门店销售能力	销售额增长	%	50	1.1	18.12
	顾客忠诚度高	分	5	4	4.27
品类服务能力	网点商品品种的丰富程度	分	5	3	4.13
	单一品种商品的品牌丰富程度	分	5	2	3.97
交付服务能力	是否现货供应	分	5	3	3.97
	排队等候时间	分	4	2	3.23
软服务能力	购物环境满意度	分	5	3	3.933
	员工服务态度	分	5	3	4.07
	门店投诉率	分	3	1	1.93

索 引

后　记

　　自 20 世纪 90 年代末以来，面对外资连锁商业企业进入障碍的逐渐降低，为占据市场先机，一股"先做大，再做强"的热潮席卷了中国连锁商业，并成为指导企业发展的战略思想，连锁商业企业加快了规模扩张的步伐，谋求做大。但是相关数据显示，内资连锁商业企业的规模扩张并没有带来经济效益的同步增长，企业陷入了"做大但未做强"的窘境。因此，如何使本土连锁商业企业走出"做大"的误区，使"做大"与"做强"两者协同，真正构建一种别人无法模仿的竞争能力，形成企业长期发展的竞争优势，是摆在本土连锁商业企业面前亟待解决的重大课题，只有从理论上加以系统指导，明确路径，才能走出困境，这正是本书的研究目的所在。

　　多年来一直从事连锁商业领域研究和教学的我，非常想破解这一难题，因此，2008 年我师从河海大学商学院杨晨教授，将这一选题作为博士论文的研究方向，并在杨晨老师的精心指导下顺利完成了博士论文。本书的编著也是在杨晨老师的多次鼓励和支持下完成的，同时，我将攻读博士学位以来的学术研究成果进行了阶段性总结，借此机会向杨老师表达深深的谢意和浓浓的感激。

　　同时，我还要衷心感谢苏果超市有限公司人力资源执行总监俞俊先生，五星电器有限公司总裁办主任巢秀琴女士，苏宁电器集团人力资源部总监杨悦女士，金盛集团人力资源总监张学军先生以及中国连锁经营协会裴亮秘书长、综合部郭玉金主任，江苏省社会科学院李思慧博士等，你们无私的帮助和指导，使我能够深入了解连锁商业企业的实际运营和发展，也感谢你们对本书提出的宝贵修改意见和建议。最后，感谢东北财经大学出版社的编辑们，本书的出版离不开你们的帮助和付出。

由于学识和水平有限，书中的不当之处在所难免，恳请广大读者和同行批评指正！谢谢诸位！

操　阳

2015年3月于南京